BESTACTIVITYBOOKS.COM

Découvrez des Jeux Gratuits en Ligne

Disponible Ici :

BestActivityBooks.com/FREEGAMES

5 ASTUCES POUR DÉMARRER !

1) COMMENT RÉSOUDRE LES MOTS MÊLÉS

Les puzzles sont dans un format classique :

- Les mots sont cachés sans espaces, tirets, ...
- Orientation : Les mots peuvent être écrits en avant, en arrière, vers le haut, vers le bas ou en diagonale (ils peuvent être inversés).
- Les mots peuvent se chevaucher ou se croiser.

2) UN APPRENTISSAGE ACTIF

Un espace est prévu à côté de chaque mots pour noter la traduction. Pour favoriser un apprentissage actif un **DICTIONNAIRE** à la fin de cette édition vous permettra de vérifier et étendre vos connaissances. Cherchez et notez les traductions, trouvez-les dans le Puzzle et ajoutez-les à votre vocabulaire !

3) MARQUEZ LES MOTS

Vous pouvez inventer votre propre système de marquage. Peut-être en utilisez-vous déjà un ? Sinon, vous pourriez, par exemple, marquer les mots qui ont été difficiles à trouver d'une croix, ceux que vous avez aimés d'une étoile, les mots nouveaux d'un triangle, les mots rares d'un diamant, etc...

4) STRUCTUREZ VOTRE APPRENTISSAGE

Cette édition vous offre un **CARNET DE NOTES** très pratique à la fin du livre. En vacances ou en voyage ou à la maison, vous pouvez facilement organiser vos nouvelles connaissances sans avoir besoin d'un second bloc-notes !

5) VOUS AVEZ FINI TOUTES LES GRILLES ?

Allez à la section bonus **CHALLENGE FINAL** pour trouver un jeu gratuit à la fin de cette édition !

Simple et Rapide ! Découvrez notre collection de livres d'activités pour votre prochain moment de détente et **d'apprentissage**, à juste un clic de distance !

Trouvez votre prochain défi sur :

BestActivityBooks.com/MonProchainLivre

À vos marques, prêts... Partez !

Saviez-vous qu'il existe environ 7 000 langues différentes dans le monde ? Les mots sont précieux.

Nous aimons les langues et avons travaillé dur pour créer les livres de la plus haute qualité pour vous. Nos ingrédients ?

Une sélection des thématiques d'apprentissage adaptée, trois belles parts de divertissement, puis nous ajoutons une cuillère de mots difficiles et une pincée de mots rares. Nous les servons avec soin et un maximum de plaisir pour vous permettre de résoudre les meilleurs jeux de mots mêlés qui soient et d'apprendre en vous amusant !

Votre avis est essentiel. Vous pouvez participer activement au succès de ce livre en nous laissant un commentaire. Nous aimerions vraiment savoir ce que vous avez préféré dans cette édition !

Voici un lien rapide qui vous mènera à la page d'évaluation de vos commandes :

BestBooksActivity.com/Avis50

Merci pour votre aide et amusez-vous bien !

De la part de toute l'équipe

1 - Été

```
F V A K A N T I E Z G Y Z U
T A N V K A M P E R E N S J
U O M R E I S Y Y R R O T E
I V R I E N D E N G A M E S
N L L J L H J Z Z E E Y R T
B Q V E X I D U I K E N R R
I T K T V R E U G D E A E A
Z P C I Y V M U Z I E K A N
E W P J V B O E K E N L E D
G B E D V I O E X Q M C E M
A L Q M D S A N D A L E N H
V N Y Y M B Q U L S V W P Z
Q V A H G E N C A L E U K H
O N T S P A N N I N G L Q Y
```

VRIENDEN	MUZIEK
KAMPEREN	ZWEMMEN
STERREN	VOEDSEL
FAMILIE	STRAND
TUIN	DUIKEN
GAMES	ONTSPANNING
VREUGDE	SANDALEN
BOEKEN	VAKANTIE
VRIJE TIJD	REIS
ZEE	

2 - Adjectifs #2

```
N I O P S Y W L T G E K U D
A I N Q R P I S R J L R N B
T C E T A O L E O F E A S E
U R V U E F D G T C G C K S
U E U X W R B U S H A H S C
R A Z U I V E R C G N T T H
L T O M H F R S V T T I E R
I I U D R O O G S W I G R I
J E T L J V E P G A J E K J
K F A Z W G M A Z T N R F V
W G E Z O N D D F N F T E E
D R A M A T I S C H Y C B N
M W Q G N A M B E G A A F D
K U A U T H E N T I E K J G
```

AUTHENTIEK
BEROEMD
CREATIEF
BESCHRIJVEND
BEGAAFD
DRAMATISCH
ELEGANT
TROTS
STERK
INTERESSANT

NATUURLIJK
NIEUW
PRODUCTIEF
KRACHTIG
ZUIVER
GEZOND
ZOUT
WILD
DROOG

3 - Exploration

```
D  T  T  B  C  V  S  Y  A  O  Z  R  G  L
N  I  E  U  W  T  Y  A  C  N  C  U  E  E
P  S  E  R  T  A  A  L  T  T  U  I  V  R
C  O  R  R  R  F  I  B  I  D  I  M  A  E
R  U  W  V  E  E  H  N  V  E  T  T  R  N
E  H  L  L  U  N  I  Z  I  K  P  E  E  R
I  O  K  T  F  H  H  N  T  K  U  O  N  J
S  N  I  F  U  L  T  O  E  I  T  T  M
T  B  T  P  B  R  U  M  I  N  T  V  E  R
V  E  P  R  U  W  E  Y  T  G  I  L  F  U
Q  K  B  O  P  W  I  N  D  I  N  G  M  B
B  E  P  A  L  I  N  G  U  D  G  G  O  M
N  N  D  N  D  L  B  Z  U  W  B  P  E  O
Y  D  N  M  I  D  E  A  S  E  X  B  D  J
```

ACTIVITEIT	OPWINDING
DIEREN	UITPUTTING
LEREN	ONBEKEND
MOED	TAAL
CULTUREN	VER
GEVAREN	NIEUW
ONTDEKKING	WILD
BEPALING	TERREIN
RUIMTE	REIS

4 - Formes

```
L F L P I R C D C Y M O C W
I B T O V B A I I T I V I N
J V O P K P Q N R O C A L X
N I Z G M K Q L D K Q A I U
K E G E L X Z A Q E E L N A
H R P I R A M I D E N L D K
O K D M E R O N D E J J E U
E A A Y C U R V E W Y X R B
K N A U H Y P E R B O O L U
J T O T T M C H O K A N T S
V E E L H O E K B O O G L C
S V M Q O D R I E H O E K D
B H O B E P R I S M A H M C
V R V C K H B O L S X W P C
```

BOOG	HYPERBOOL
RANDEN	LIJN
VIERKANT	OVAAL
CIRKEL	VEELHOEK
HOEK	PRISMA
CURVE	PIRAMIDE
KEGEL	RECHTHOEK
KANT	RONDE
KUBUS	BOL
CILINDER	DRIEHOEK

5 - Adjectifs #1

```
M E P I A C T I E F U E V J
O N E D M A E X O T I S C H
O O R E B R U D O E Y A X V
I R F N I T L E N M D C H M
P M E T T I A B S O L U U T
E O C I I S M A C D A R N X
L E T E E T U Z H E N S O E
U H R K U I R Q U R G S S A
T E P L S E G B L N Z G U L
C T Y W I K R W D H A O C A
Z W A A R J F B I D A E U J
W G H Y I F K A G V M D S O
A R O M A T I S C H E T L N
A A N T R E K K E L I J K G
```

ABSOLUUT   EERLIJK
ACTIEF   IDENTIEK
AMBITIEUS   ONSCHULDIG
AROMATISCH   JONG
ARTISTIEK   LANGZAAM
AANTREKKELIJK   ZWAAR
MOOI   DUN
EXOTISCH   MODERN
ENORM   PERFECT
GUL

6 - Instruments de Musique

```
M Y B G L E Y J S F T I C D
T A M B O E R I J N L A A E
P E R C U S S I E A H U I M
L G X I C E L L O W O U I X
Z T R O M M E L X L B H H T
A W A M Q B A N J O O Z P H
G I T A A R A L I V V X I A
M O N D H A R M O N I C A R
S A X O F O O N K Z A O N P
K L A R I N E T G O N G O C
T R O M B O N E V B G J U L
M A N D O L I N E W Z T R L
F A G O T D P T R O M P E T
I W L W K M P T C N C E A I
```

BANJO	MARIMBA
FAGOT	PERCUSSIE
KLARINET	PIANO
FLUIT	SAXOFOON
GONG	TROMMEL
GITAAR	TAMBOERIJN
MONDHARMONICA	TROMBONE
HARP	TROMPET
HOBO	VIOOL
MANDOLINE	CELLO

7 - Échecs

```
X K Z M E W I T O S P E L C
S P W O F F E R A L E R E N
R T A K T I J D B I L K W P
E D R S V Q H N S M J A E U
G I T A S H Y S P T Z M P N
L A E O T I K B E D R P K T
E G R Z V E E B L M K I W E
M O X D X W G F E R O O J N
E N K J H C Z I R V N E Z D
N A K O N I N G E B I N G H
T A T E G E N S T A N D E R
L L U I T D A G I N G E N X
T O E R N O O I U I I V J L
C G X K D W Y S H M N Y E D
```

TEGENSTANDER	ZWART
LEREN	PASSIEF
WIT	PUNTEN
KAMPIOEN	KONINGIN
WEDSTRIJD	REGLEMENT
UITDAGINGEN	KONING
DIAGONAAL	OFFER
SLIM	STRATEGIE
SPEL	TIJD
SPELER	TOERNOOI

8 - Herboristerie

```
S D G N K Y X N V T U I N Q
R R U F U K M Y D E I V B B
S A F F R A A N V Y N J M A
I G C U L I N A I R C K M S
O O R O Z E M A R I J N E I
Z N G P K W A L I T E I T L
A R O M A T I S C H K L G I
Z Y P U J B O A R Z N A R C
N S Y N E M L W A I O V O U
V K C T H N G O N L F E E M
S M A A K Y H C E S L N N N
M A R J O L E I N M O D S W
I N G R E D I Ë N T O E R M
P E T E R S E L I E K L G D
```

KNOFLOOK	MARJOLEIN
AROMATISCH	MUNT
BASILICUM	PETERSELIE
CULINAIR	KWALITEIT
DRAGON	ROZEMARIJN
VENKEL	SAFFRAAN
BLOEM	SMAAK
INGREDIËNT	TIJM
TUIN	GROEN
LAVENDEL	

9 - Véhicules

```
S H U T T L E B H F Y Q U K
R C H E L I K O P T E R H I
B M O T O R N O B W M K D E
M G Z O A R N T X V L O T H
U O I W T A M B U L A N C E
E E Q J D E B C G I F V J C
B A N D E N R M P E H E T D
I T A X I E R X C G L E R C
R V R A C H T A U T O R A A
J A F U O D A K T U B B C R
Q D K I Q G U E W I Y O T A
B U S E E E T N L G E O O V
F V X N T T O H D G U T R A
Y Z F M R U S T M E T R O N
```

AMBULANCE	MOTOR
VLIEGTUIG	SHUTTLE
BOOT	BANDEN
BUS	VLOT
VRACHTAUTO	SCOOTER
CARAVAN	TAXI
VEERBOOT	TRACTOR
RAKET	FIETS
HELIKOPTER	AUTO
METRO	

10 - Camping

```
B W O U Z Z B D G Z H N Q X
O T W P D S R M P O G A S N
S L S U Q J A C H T X T A T
D I E R E N N A P E D U P D
I N S E C T D E U N O U P L
Y H K C A B I N E T K R A K
A V O N T U U R C L F G R A
W W M B H A N G M A T F A N
H J P V E O N V E N M O T O
K A A R T R E U E T A H U O
W C S R A I G D R A A I U W
Z G D Z I B B Y C A N L R Z
L F T L J X O Z U R E V J O
F L C F B L P L J N R R H M
```

DIEREN	BRAND
AVONTUUR	BOS
KOMPAS	HANGMAT
CABINE	INSECT
KANO	MEER
KAART	LANTAARN
HOED	MAAN
JACHT	BERG
TOUW	NATUUR
APPARATUUR	TENT

11 - Conservation

```
V K A W X L G E H Q A R W Z
C H L F A O R G A N I S C H
Y E S I Z T O D B V C R V J
H C T E M V E K I E N E Q P
U C L T P A N R T M C I E
N Z D S T C A P A V I Y Y S
H T N D P F T T U L C R T
D U U R Z A A M D I I L Y I
O N D E R W I J S L E E A C
V J A Y Z I X J R I U R J I
V E R A N D E R I N G E N D
Q M P I D X C C O G H N J E
V R I J W I L L I G E R E V
O O C E C O S Y S T E E M S
```

VRIJWILLIGER
VERANDERINGEN
KLIMAAT
FIETS
DUURZAAM
WATER
MILIEU
ECOSYSTEEM

ONDERWIJS
HABITAT
ORGANISCH
PESTICIDE
VERVUILING
RECYCLEREN
GROEN

12 - Écologie

```
P  F  O  V  E  R  L  E  V  I  N  G  X  B
G  L  U  H  S  X  J  C  U  Y  A  R  X  B
M  V  A  D  I  V  E  R  S  I  T  E  I  T
O  A  F  N  A  T  U  U  R  B  U  H  D  F
E  R  R  L  T  E  Q  R  N  Y  U  A  R  A
R  I  V  I  O  E  L  N  H  S  R  B  O  U
A  Ë  E  R  N  R  N  E  S  D  L  I  O  N
S  T  G  R  O  I  A  H  G  U  I  T  G  A
S  E  E  C  X  W  E  B  L  U  J  A  T  B
O  I  T  R  W  G  A  R  O  R  K  T  E  E
O  T  A  B  M  L  P  G  B  Z  S  P  F  R
R  Z  T  N  K  L  I  M  A  A  T  A  I  G
T  Z  I  Z  X  W  V  S  A  A  X  A  R  E
M  Q  E  S  I  S  L  Q  L  M  G  D  T  N
```

KLIMAAT

DIVERSITEIT

DUURZAAM

SOORT

FAUNA

FLORA

GLOBAAL

HABITAT

MOERAS

MARINIER

BERGEN

NATUUR

NATUURLIJK

PLANTEN

DROOGTE

OVERLEVING

VARIËTEIT

VEGETATIE

13 - Astronomie

```
V E R D U I S T E R I N G A
O B S E R V A T O R I U M S
L O V S E Q U I N O X U Z T
A S T R O N A U T M B Q Q R
E A H U N I V E R S U M S O
S T E R R E N B E E L D U N
S E M A A N S X C J K B P O
T L E N E V E L R S O J E O
R L L P L A N E E T S R R M
A I R R A A R D E M M T N P
L E A M E T E O O R O A O U
I T K T D X F D Z Z S B V V
N T E I S E X Z O N N E A G
G X T A S T E R O Ï D E G U
```

ASTEROÏDE   METEOOR
ASTRONAUT   NEVEL
ASTRONOOM   OBSERVATORIUM
HEMEL   PLANEET
STERRENBEELD   STRALING
KOSMOS   SATELLIET
VERDUISTERING   ZONNE
EQUINOX   SUPERNOVA
RAKET   AARDE
MAAN   UNIVERSUM

14 - Types de Cheveux

```
D  G  F  R  D  P  J  X  P  H  Y  R  G  M
R  G  K  H  T  I  X  L  N  B  O  U  E  J
O  E  O  M  A  U  K  A  M  T  O  W  Z  G
O  K  R  U  L  L  E  N  D  W  Y  N  O  O
G  L  T  G  Z  Y  O  G  B  R  U  I  N  L
D  E  H  L  I  K  O  J  R  X  A  Q  D  V
I  U  A  I  L  A  C  C  N  I  N  Q  S  E
Z  R  N  M  V  A  G  V  Z  X  J  B  X  N
I  D  N  M  E  L  Z  A  C  H  T  S  F  D
Y  D  M  E  R  L  W  I  T  B  L  O  N  D
A  E  N  N  T  A  A  O  J  F  P  Q  N  H
D  U  W  D  K  K  R  U  L  L  E  N  G  P
P  S  F  I  S  C  T  B  B  W  R  K  X  C
G  E  V  L  O  C  H  T  E  N  H  O  H  Q
```

ZILVER	KRULLEND
WIT	GRIJS
BLOND	LANG
KRULLEN	BRUIN
GLIMMEND	DUN
KAAL	ZWART
GEKLEURD	GOLVEND
KORT	GEZOND
ZACHT	DROOG
DIK	GEVLOCHTEN

15 - Restaurant #1

```
S  H  Y  K  O  T  E  E  A  T  K  G  V  I
S  E  N  L  D  W  O  O  K  K  I  B  L  W
E  R  R  A  O  M  W  E  T  L  N  E  E  I
R  E  N  V  A  P  I  T  T  I  G  I  E  E
V  S  W  K  E  U  K  E  N  J  R  S  S  B
E  E  N  I  O  T  S  O  N  K  E  C  K  R
E  R  C  P  D  H  R  B  Z  H  D  O  O  O
R  V  V  A  K  O  M  E  N  U  I  Q  F  O
S  E  O  Q  A  N  V  W  F  L  Ë  D  F  D
T  R  E  G  S  A  U  S  G  A  N  M  I  Z
E  I  D  O  S  B  E  H  X  O  T  C  E  T
R  N  S  T  I  O  T  G  Z  E  E  U  X  S
I  G  E  J  E  R  R  O  W  U  N  B  R  C
I  J  L  G  R  D  A  L  L  E  R  G  I  E
```

ALLERGIE	MENU
BORD	VOEDSEL
KOM	BROOD
KOFFIE	KIP
KASSIER	RESERVERING
MES	SAUS
KEUKEN	SERVEERSTER
TOETJE	SERVET
PITTIG	VLEES
INGREDIËNTEN	

16 - Mammifères

```
G  S  C  O  Y  O  T  E  P  D  P  U  L  K
I  T  T  Z  E  B  R  A  F  O  Q  F  E  A
R  I  B  I  D  A  G  C  X  L  A  X  E  N
A  E  R  S  J  N  Q  D  M  F  F  Z  U  G
F  R  G  D  O  G  K  O  N  I  J  N  W  O
O  A  O  P  O  R  E  Y  S  J  Z  C  O  E
G  L  R  B  E  E  R  R  C  N  H  Y  L  R
H  O  I  S  Z  N  S  S  H  C  O  O  F  O
N  M  L  F  I  P  Q  K  A  T  R  O  N  E
A  P  L  B  A  W  A  W  A  K  B  J  A  D
A  J  A  L  I  N  C  G  P  V  O  S  V  D
P  A  A  R  D  B  T  W  A  L  V  I  S  C
S  M  J  U  A  B  X  E  V  B  K  S  O  P
M  U  S  N  P  G  I  K  E  J  Z  G  Y  B
```

WALVIS	KONIJN
KAT	LEEUW
PAARD	WOLF
HOND	SCHAAP
COYOTE	BEER
DOLFIJN	VOS
OLIFANT	AAP
GIRAF	STIER
GORILLA	TIJGER
KANGOEROE	ZEBRA

17 - Sports

```
B T S H Z T V F D H F A B G
E R P T Y N L E O O I V Z K
W A E B A S K E T B A L P T
E I L F T D Y T E N N I S S
G N E I L W I N N A A R X P
I E R E E Q I O L K P T G E
N R Z T E A H U N D F P J L
G S R S T G Y M N A S I U M
H K A M P I O E N S C H A P
F O X G Y M N A S T I E K H
R A C G O L F T E A M P E L
R Q G K H O N K B A L R Y I
J V K F E Z W E M M E N R Z
S U P Q C Y R I H I F J R P
```

ATLEET   GYMNASTIEK
HONKBAL   HOCKEY
BASKETBAL   SPEL
KAMPIOENSCHAP   SPELER
TRAINER   BEWEGING
TEAM   ZWEMMEN
WINNAAR   STADION
GOLF   TENNIS
GYMNASIUM   FIETS

18 - Chocolat

```
C  P  B  K  V  H  P  S  P  C  K  I  Y  D
U  A  V  A  O  E  O  M  I  A  W  N  C  C
F  Y  C  R  B  E  E  A  N  L  A  G  P  A
Q  W  L  A  Q  R  D  A  D  O  L  R  Z  A
V  G  I  M  O  L  E  K  A  R  I  E  O  F
S  N  O  E  P  I  R  B  S  I  T  D  E  A
O  W  Q  L  V  J  Z  M  N  E  E  I  T  V
E  O  B  K  I  K  A  H  K  Ë  I  Ë  Z  O
A  N  T  I  O  X  I  D  A  N  T  N  Z  R
R  E  X  O  T  I  S  C  H  Q  Y  T  W  I
O  R  X  A  R  T  I  S  A  N  A  A  L  E
M  X  K  R  E  A  E  S  U  I  K  E  R  T
A  O  K  O  R  F  W  R  E  C  E  P  T  M
K  O  K  O  S  N  O  O  T  U  E  J  U  Q
```

BITTER	ZOET
ANTIOXIDANT	EXOTISCH
AROMA	FAVORIET
ARTISANAAL	SMAAK
SNOEP	INGREDIËNT
PINDA'S	KOKOSNOOT
CACAO	POEDER
CALORIEËN	KWALITEIT
KARAMEL	RECEPT
HEERLIJK	SUIKER

19 - Mathématiques

```
V L H E X P O N E N T D T V
E I O M T R E K Y V M L B M
E V E F D R I E H O E K O G
L O K R H S Y M M E T R I E
H L E A K D E C I M A A L I
O U N C P A R A L L E L B I
E M F T U A N S O M S A Y A
K E X I W Y F T D Q H H Y T
X V V E R G E L I J K I N G
M M D C N S T R A A L H A J
L O O D R E C H T B O L W P
G E O M E T R I E C S J C E
R E C H T H O E K Q L P K E
W D V B A D I A M E T E R R
```

HOEKEN   LOODRECHT
VIERKANT   VEELHOEK
OMTREK   STRAAL
DECIMAAL   RECHTHOEK
DIAMETER   SOM
EXPONENT   BOL
VERGELIJKING   SYMMETRIE
FRACTIE   DRIEHOEK
GEOMETRIE   VOLUME
PARALLEL

20 - Mythologie

```
G C S D K R I J G E R S C J
J J W O R W X Y T A A T R A
X X R N W P E A I R F E E L
D G E D R A G J S C D R A O
Q R E E A D O O L H O F T E
C M A R A Y N C R E E E I Z
U A W M K R A C H T Q L E I
L G E O P N C N E Y Q I D E
T I Z N Q F T K L P F J P Q
U S E S X B N A D E Y K L M
U C N T Q K B L I K S E M F
R H O E L E G E N D E C K F
H C J R G F X O S X U Q D Q
O V E R T U I G I N G E N R
```

ARCHETYPE   HELDIN
RAMP   HELD
GEDRAG   JALOEZIE
CREATIE   DOOLHOF
WEZEN   LEGENDE
OVERTUIGINGEN MAGISCH
CULTUUR   MONSTER
BLIKSEM   STERFELIJK
KRACHT   DONDER
KRIJGER   WRAAK

21 - Restaurant #2

```
G R O E N T E E Z O Z L X V
K D R B U O M G I J S O E P
I C A K E F J E X E O D V D
F N Y F D R A N K C R H W A
S P E C E R I J E N Z E E S
A W K J Z A Q L D W W E N T
L K F C O I U E I T A R B O
A J F R U I T P N F T L Z E
D E U A T Z G E E T E I C L
E V O R K A P L R Z R J H U
W T T D H V D D Y A J K I N
F C Q I L R I B B R G T Q C
N O E D E L S S Z A A A G H
O E W O I K D W X L K S X Z
```

DRANK	CAKE
STOEL	IJS
LEPEL	GROENTE
LUNCH	NOEDELS
HEERLIJK	EIEREN
DINER	VIS
WATER	SALADE
SPECERIJEN	ZOUT
VORK	OBER
FRUIT	SOEP

22 - Couleurs

```
A G C Y A A N O Z A D C M E
D R O O D R O Z E W Z X N T
O I S E P I A U D I A U R U
S J P S A P W S B P H R U O
E S Z G A I L Q L J I G T R
C I E I R F W M A G E N T A
E M Z O S U A F U C H S I A
T S B R U I N I W P N Z B N
V S A A H P A N N T P Y J W
I Y S N Y C E D G E E L H N
W D J J I B O I R L H S O D
E I B E I G E G O M E S L S
G G T J V W U O E B M D I G
I D L K V R A Y N R B S J U
```

AZUUR
BEIGE
WIT
BLAUW
CYAAN
FUCHSIA
GRIJS
INDIGO
GEEL

MAGENTA
BRUIN
ZWART
ORANJE
ROZE
ROOD
SEPIA
GROEN
PAARS

23 - Avions

```
L A A B W A H C F W I Z W B
A V T X S F I O P Y C M E E
N O M W N D Z A O V W F B M
D N O A P A S S A G I E R A
E T S T Q L U K Q X T D A N
N U F E E I L U C H T E N N
B U E R D N M E P H O A D I
A R E S I G X X M B Q B S N
L T R T M C P I L O O T T G
L M W O U J H R N U T B O K
O N L F M S E T A W G O F J
N P S J E R M D I N M X R Q
G E S C H I E D E N I S N N
P R O P E L L E R S G K M H
```

LUCHT   RICHTING
ATMOSFEER   BEMANNING
LANDEN   HOOGTE
AVONTUUR   PROPELLERS
BALLON   GESCHIEDENIS
BRANDSTOF   WATERSTOF
HEMEL   MOTOR
BOUW   PASSAGIER
AFDALING   PILOOT

24 - Aventure

```
C O N G E W O O N N M E N V
X K M R E I S P L A N X A E
K A N S R V D O C T H C V I
Y E X E E R A C I U B U I L
M D F R I E N A R U H R G I
V J M L Z U I I R R Z S A G
H Z O S E G Z N E L G I T H
A O E J N D X Q K U I E I E
X G D S T E X K B B W J E I
B E S T E M M I N G E C K D
D J V U I T D A G I N G E N
M O E I L I J K H E I D Q N
B S I V A C T I V I T E I T
E N T H O U S I A S M E L I
```

ACTIVITEIT	ONGEWOON
MOED	REISPLAN
KANS	VREUGDE
GEVAARLIJK	NATUUR
BESTEMMING	NAVIGATIE
UITDAGINGEN	NIEUW
MOEILIJKHEID	VEILIGHEID
ENTHOUSIASME	REIZEN
EXCURSIE	

25 - Ville

```
D  I  E  R  E  N  T  U  I  N  L  O  B  B
L  X  B  O  E  K  H  A  N  D  E  L  D  L
M  L  I  O  F  C  K  L  I  N  I  E  K  O
A  U  O  B  A  K  K  E  R  I  J  N  H  E
R  C  S  C  H  O  O  L  B  A  N  K  O  M
K  H  C  E  A  P  O  T  H  E  E  K  T  I
T  T  O  N  U  H  U  H  S  D  O  X  E  S
S  H  O  E  R  M  X  E  P  Q  F  U  L  T
T  A  P  R  E  S  T  A  U  R  A  N  T  B
A  V  U  G  B  X  M  T  P  B  E  Z  A  Q
D  E  D  A  G  A  L  E  R  I  J  O  I  Q
I  N  U  N  I  V  E  R  S  I  T  E  I  T
O  S  U  P  E  R  M  A  R  K  T  N  Y  E
N  B  I  B  L  I  O  T  H  E  E  K  H  H
```

LUCHTHAVEN	BOEKHANDEL
BANK	MARKT
BIBLIOTHEEK	MUSEUM
BAKKERIJ	APOTHEEK
BIOSCOOP	RESTAURANT
KLINIEK	STADION
SCHOOL	SUPERMARKT
BLOEMIST	THEATER
GALERIJ	UNIVERSITEIT
HOTEL	DIERENTUIN

26 - Cuisine

```
O K O E L K A S T U L P R S
Q O T V S P O N S B E O E P
E M R K E N G T M A P L C E
E Y R R D N M R D I E L E C
T V O E D S E L I N L E P E
S E R V E T S V I L S P T R
T W H D T W S P O T L E Z I
O G C V R I E Z E R K L N J
K R U I K F N T U S K U N E
J K P B E C P B A C M E O N
E L K M T V F S W H T I N J
S A R G E V I G E O K F T F
S A G M L D I Y B R V U R F
T F M J G A A D P T O M O P
```

EETSTOKJES	VORKEN
KOM	GRILL
KETEL	POLLEPEL
VRIEZER	VOEDSEL
MESSEN	POT
KRUIK	RECEPT
LEPELS	KOELKAST
SPECERIJEN	SERVET
SPONS	SCHORT
OVEN	CUP

27 - Corps Humain

```
P  W  V  R  L  K  N  C  D  A  M  E  M  H
O  I  W  X  T  T  E  Z  Q  G  D  L  O  O
O  L  O  S  S  H  U  H  S  Q  J  L  N  O
R  P  Y  L  Q  U  S  N  O  Q  H  E  D  F
O  L  E  M  L  I  P  P  E  N  A  B  M  D
L  S  N  Y  A  D  S  W  M  E  N  O  R  U
I  I  K  K  T  A  L  E  I  K  D  O  K  F
N  Y  E  W  A  V  G  H  A  R  T  G  B  O
F  O  L  B  U  A  L  N  M  U  T  Q  L  N
B  G  P  C  G  C  K  X  K  E  J  B  O  K
Z  H  E  R  S  E  N  E  N  U  U  O  E  I
H  U  G  M  T  V  I  N  G  E  R  Y  D  N
S  C  H  O  U  D  E  R  H  L  F  Y  H  F
T  Y  C  Q  G  E  Z  I  C  H  T  C  V  O
```

MOND	LIPPEN
HERSENEN	HAND
ENKEL	KAAK
NEK	KIN
ELLEBOOG	NEUS
HART	OOR
VINGER	HUID
MAAG	BLOED
SCHOUDER	HOOFD
KNIE	GEZICHT

28 - Épices

```
Q D Z K X X V Z P V P K B C
K Z U C O V A O H E A N I K
D A U Z Q R N U N N P O T U
J N R O G K I T B K R F T I
Z I O D E J L A E E I L E G
J J J R E S L V N L K O R K
P S M O Y M E R B D A O R E
K E V P C A O R C T E K G R
O R P J G A A M Z D U R E R
M M T E W K K A N E E L M I
I W I R R H Z L M U S Z B E
J K M R P X G H S U I A E D
N N O O T M U S K A A T R U
S A F F R A A N M S V C P M
```

ZUUR	GEMBER
KNOFLOOK	NOOTMUSKAAT
BITTER	UI
ANIJS	PAPRIKA
KANEEL	PEPER
KARDEMOM	DROP
KORIANDER	SAFFRAAN
KOMIJN	SMAAK
KERRIE	ZOUT
VENKEL	VANILLE

29 - Science

```
P O N N F Q E K T B I F L Y
Y R G N C F V C L X D M A E
N G R U K E O H G I U V B G
H A T O O M L E E M X O W
Y N T J V R U M G M I A R S
P I Y U T B T I E E N F A C
O S C D U E I S V T E O T T
T M E K H R E C E H R S O F
H E T Q O N K H N O A S R K
E N A T U U R U S D L I I H
S R L E X C C V N E E E U U
E D E E L T J E S D N L M L
M O L E C U L E N F E I T N
Y Z W A A R T E K R A C H T
```

ATOOM   LABORATORIUM
CHEMISCH   METHODE
KLIMAAT   MINERALEN
GEGEVENS   MOLECULEN
EVOLUTIE   NATUUR
FEIT   ORGANISME
FOSSIEL   DEELTJES
ZWAARTEKRACHT   NATUURKUNDE
HYPOTHESE

30 - Chats

```
Q  L  D  L  D  N  U  L  S  K  N  G  G  B
K  L  E  I  N  T  Y  S  L  L  J  F  Y  Q
W  L  K  J  U  D  M  G  A  A  H  K  P  W
E  N  D  T  T  A  Y  A  U  T  G  Z  V
A  X  N  M  H  H  T  F  P  W  L  S  E  M
N  I  E  U  W  S  G  I  E  R  I  G  S  K
Y  T  X  I  I  N  U  B  F  F  T  S  P  J
G  E  F  S  L  E  E  R  O  T  F  T  E  A
R  R  C  G  D  L  F  H  O  N  F  A  E  G
A  G  A  R  E  N  Y  Z  H  K  T  A  L  E
F  P  A  P  O  O  T  J  H  O  L  R  S  R
J  H  P  P  P  G  R  K  M  Y  O  T  K  L
J  X  I  A  B  I  V  E  R  L  E  G  E  N
Y  M  P  X  U  M  G  Q  E  B  H  A  D  C
```

JAGER	KLAUW
NIEUWSGIERIG	POOT
SLAAP	KLEIN
GRAPPIG	STAART
SPEELS	SNEL
GAREN	WILD
GEK	MUIS
BONT	VERLEGEN

31 - Vêtements

```
S  J  A  S  J  E  B  W  K  H  Z  H  A  T
C  H  P  W  U  Y  L  H  M  X  C  A  R  I
H  X  I  S  R  X  O  H  O  A  K  N  M  I
O  N  U  R  K  S  U  J  D  E  Q  D  B  F
R  I  E  M  T  C  S  E  E  W  D  S  A  Y
T  B  S  A  A  H  E  A  A  F  C  C  N  B
J  R  J  S  N  O  V  N  U  W  Y  H  D  T
O  I  A  A  P  E  A  S  E  B  I  O  C  X
A  D  A  N  S  N  I  D  B  E  H  E  X  D
B  G  L  D  B  C  P  U  C  Y  L  N  P  G
R  O  K  A  P  Y  J  A  M  A  V  E  J  W
O  K  R  L  K  E  T  T  I  N  G  N  A  U
E  G  O  E  T  R  U  I  J  D  B  P  X  C
K  Q  M  N  Y  Y  R  V  X  E  E  V  H  C
```

ARMBAND	ROK
RIEM	JAS
HOED	MODE
SCHOEN	BROEK
SHIRT	TRUI
BLOUSE	PYJAMA
KETTING	JURK
SJAAL	SANDALEN
HANDSCHOENEN	SCHORT
JEANS	JASJE

32 - Arts Visuels

```
Y Z R R J K B G V S B P K C
U K A R C H I T E C T U U R
A R T I E S T N Q H P P E E
W I B U P K L E I I B O M A
X J I S T E N C I L P T E T
X T I B W P N C N D O L E I
F K E R A M I E K E R O S V
X I G I S Q O Z J R T O T I
U J L A K W J E H I R D E T
D R P M R W C L I J E Q R E
K A A R D E W E R K T E W I
P E R S P E C T I E F U E T
Q B E E L D H O U W W E R K
S X W B E V E R N I S P K Y
```

ARCHITECTUUR
KLEI
ARTIEST
KERAMIEK
MEESTERWERK
EZEL
WAS
KRIJT
POTLOOD
CREATIVITEIT

FILM
SCHILDERIJ
PERSPECTIEF
STENCIL
PORTRET
AARDEWERK
BEELDHOUWWERK
PEN
VERNIS

33 - Méditation

```
S D V A A N D A C H T P A P
T A B R P N A T U U R E A H
I N J M E N T A A L Z R N J
L K A L M D T G N E Q S V D
T B K H A M E C P K K P A M
E A G U R D U M A I J E A E
A A K Z A V E Z A C H C R D
X R D G Y R B M I W G T D E
G H O U D I N G H E U I I D
G E D A C H T E N A K E N O
R I E M O T I E S M L F G G
W D O Q Y Q G S B K F I Q E
W A K K E R I T P R Q Z N N
S K G E B E W E G I N G V G
```

AANVAARDING	BEWEGING
AANDACHT	MUZIEK
KALM	NATUUR
MEDEDOGEN	VREDE
GEEST	GEDACHTEN
EMOTIES	PERSPECTIEF
WAKKER	HOUDING
DANKBAARHEID	ADEMHALING
MENTAAL	STILTE

34 - Littérature

```
A E E C V J O Y N O O R H D
M N O R I J M A L U L O U O
E V E D R D U M N N L M M R
T V B K N H P N G A C A I I
A E I T D C O G E C L N U T
F R O R I O Ë T D F Z Y S M
O T G A A N T H I I T L S E
O E R G L C I E C C C T T E
R L A E O L S M H T Z Q I E
W L F D O U C A T I F L J A
N E I I G S H M D E T K L R
O R E E U I A U T E U R H W
W I N H X E A N A L O G I E
O M S C H R I J V I N G M G
```

ANALOGIE
ANALYSE
ANEKDOTE
AUTEUR
BIOGRAFIE
CONCLUSIE
OMSCHRIJVING
DIALOOG
FICTIE
METAFOOR

VERTELLER
GEDICHT
POËTISCH
RIJM
ROMAN
RITME
STIJL
THEMA
TRAGEDIE

35 - Nourriture #1

```
S A P G S B K Q I E R X Z A
T A A U K A M N Z U U Q P M
W R A A P S L T O N I J N M
O D J E A I R S U F W Y G E
R B X D M L U P T O L C W L
T E P X U I X I J U V O S K
E I G K M C Y N B O C K O D
L I Y E B U F A Q P I O E K
X U V S R M V Z E K T F P L
N B P S P S U I K E R F B Q
K A N E E L T E X Y O I P A
C D G B E V L E E S E E S X
T X T R H R C C H U N R I C
V R D U S S A L A D E C W F
```

KNOFLOOK	RAAP
BASILICUM	UI
KOFFIE	GERST
KANEEL	PEER
WORTEL	SALADE
CITROEN	ZOUT
SPINAZIE	SOEP
AARDBEI	SUIKER
SAP	TONIJN
MELK	VLEES

36 - Jours et Mois

```
W  Z  V  J  Q  M  A  A  R  T  B  E  F  T
V  O  A  F  G  J  D  Y  B  K  V  R  B  G
R  K  E  T  U  S  I  M  E  A  P  R  I  L
I  T  K  N  E  K  N  S  N  L  T  R  J  G
J  O  S  F  S  R  S  W  E  E  K  J  U  I
D  B  W  F  X  D  D  V  I  N  S  U  L  M
A  E  B  E  M  M  A  A  N  D  A  G  I  A
G  R  W  B  E  O  G  G  G  E  L  Z  L  A
Q  P  Q  R  I  R  M  L  Z  R  X  O  P  N
J  A  N  U  A  R  I  Q  X  E  G  N  P  D
U  Z  K  A  U  G  U  S  T  U  S  D  D  Q
N  F  L  R  D  O  N  D  E  R  D  A  G  V
I  H  Q  I  E  Y  Y  K  K  D  A  G  S  G
X  N  J  R  N  O  V  E  M  B  E  R  H  V
```

AUGUSTUS	DINSDAG
APRIL	MAART
KALENDER	WOENSDAG
ZONDAG	MAAND
FEBRUARI	NOVEMBER
JANUARI	OKTOBER
DONDERDAG	ZATERDAG
JULI	WEEK
JUNI	VRIJDAG
MAANDAG	

37 - Championnat

```
M  I  K  S  K  A  N  T  B  T  W  M  M  K
E  L  T  Z  A  D  G  R  Q  O  K  S  O  X
D  Z  E  U  M  E  G  A  T  E  A  M  T  S
A  T  Z  F  P  M  R  I  R  R  M  D  I  O
I  T  E  R  I  E  K  N  A  N  P  G  V  D
L  I  G  A  O  N  Y  E  N  O  I  A  A  D
L  X  E  L  E  N  A  R  S  O  O  M  T  O
E  U  P  Y  N  G  T  L  P  I  E  E  I  L
G  P  R  E  S  T  A  T  I  E  N  S  E  Y
S  S  R  E  C  H  T  E  R  S  L  P  K  C
K  P  V  V  H  L  W  Q  A  H  T  N  J  W
Z  M  O  T  A  H  W  R  T  T  I  E  E  P
Z  G  X  R  P  L  G  X  I  Q  V  J  Z  P
Z  M  Q  S  T  R  A  T  E  G  I  E  R  W
```

KAMPIOEN	MOTIVATIE
KAMPIOENSCHAP	PRESTATIE
TRAINER	ADEMEN
TEAM	SPORT
FINALIST	STRATEGIE
GAMES	TOERNOOI
RECHTER	TRANSPIRATIE
LIGA	ZEGE
MEDAILLE	

38 - Pirates

```
S Z O K A A R T K G R T S E
L L W G E V A A R C U M U C
E I L A N D V B M H M C B Y
C T D A A U Y P U Y N Y E T
H T O M P R G O N Z Z D M R
T E V Q A Q D J T A V L A G
O K T L P A M L E V R E N Z
I E O C E A A N O W G N S S
S N L K G L U K R N I E I W
C T M P A H N K L T N N N B
H F R D A G R O T U J D G K
A D C A I O I Z Y U T E Z A
T M C C N U X X U R X B E V
A N K E R D K A P I T E I N
```

ANKER   EILAND
AVONTUUR   LEGENDE
KAPITEIN   SLECHT
KAART   OCEAAN
LITTEKEN   GOUD
GEVAAR   PAPEGAAI
VLAG   MUNTEN
ZWAARD   STRAND
BEMANNING   RUM
GROT   SCHAT

39 - Activités

```
K M W R J N I I O H H B G P
S U N V D A S X M E E T A L
C A N L N A C A R O N U M E
V C F S F I H H P B G I E Z
A T R A T E I X T O E N S I
A I A M A N L K G D L I W E
R V M B B K D F J H S E A R
D I K A M P E R E N P R N S
I T H C R N R R Q Z O E D M
G E H H C L I N A H R N E O
H I B T O S J Y B M T Y L A
E T B E L A N G E N I O E J
I W J N M A G I E B S E N V
D S A L Z L E Z E N R M K V
```

ACTIVITEIT   TUINIEREN
KUNST   GAMES
AMBACHTEN   LEZEN
KAMPEREN   MAGIE
KERAMIEK   SCHILDERIJ
JACHT   HENGELSPORT
VAARDIGHEID   PLEZIER
NAAIEN   WANDELEN
BELANGEN

40 - Fleurs

```
J P Z J N O A L Z U A E P N
G A R D E N I A O I M H M K
T P S I T S M V N Q E O N L
U A N M P I O E N R O O S A
L V N A I G D N E A O J D V
P E A B R J K D B Z O O Y E
H R R L R C N E L L I R S R
B O E K E T I L O E G Y U I
H I B I S C U S E L W S B G
M A G N O L I A M I V D L D
M A D E L I E F J E K L I I
F O R C H I D E E B N F L V
Q X H B L O E M B L A D A V
P A S S I E B L O E M Y V M
```

BOEKET	ORCHIDEE
GARDENIA	PASSIEBLOEM
HIBISCUS	PAPAVER
JASMIJN	BLOEMBLAD
NARCIS	PIOENROOS
LAVENDEL	ROOS
LILA	ZONNEBLOEM
LELIE	KLAVER
MAGNOLIA	TULP
MADELIEFJE	

41 - Nourriture #2

```
R K I W I F K E X W D B P J
H I C H O C O L A D E R A M
D P J K E R S G V I S O D J
Z E T S I R T J K D E C D E
O H T B T Z L C A Y L C E A
W Y A A M A N D E L D O S P
D Q J J M Y R N D A E L T P
B R B R O O D W P W R I O E
A M U H A M O J E K I A E L
N A N I P F I I K K J G L V
A N W T F A U B E R G I N E
A G D Y Z U T O M A A T H N
N O W O W Z B M C E R U D Y
Y F M V F K U E W L O J N L
```

AMANDEL	KIWI
AUBERGINE	MANGO
BANAAN	EI
TARWE	BROOD
BROCCOLI	VIS
KERS	APPEL
SELDERIJ	KIP
PADDESTOEL	DRUIF
CHOCOLADE	RIJST
HAM	TOMAAT

42 - Océan

```
S  B  O  O  T  W  L  R  C  K  G  T  T  O
A  W  E  C  R  A  O  N  I  N  D  O  H  Y
R  Y  S  T  A  L  I  D  K  F  E  N  K  X
N  G  T  O  M  V  S  P  O  N  S  I  P  Z
R  K  E  P  J  I  T  H  R  L  X  J  B  R
M  B  R  U  X  S  O  M  A  V  F  N  Q  N
P  N  M  S  D  B  R  I  A  I  F  I  Z  A
L  U  G  A  I  K  M  G  L  S  M  O  J  L
L  Z  O  U  T  P  K  W  A  L  J  J  O  N
D  G  L  E  H  Q  H  I  K  R  A  B  E  B
N  G  V  A  W  Y  A  Z  L  Z  N  I  I  H
A  P  E  G  C  B  A  F  A  A  L  A  V  C
G  J  N  G  E  T  I  J  D  E  N  P  A  X
E  S  C  H  I  L  D  P  A  D  G  L  Z  L
```

AAL	KWAL
WALVIS	VIS
BOOT	OCTOPUS
KORAAL	HAAI
KRAB	RIF
GARNAAL	ZOUT
DOLFIJN	STORM
SPONS	TONIJN
OESTER	SCHILDPAD
GETIJDEN	GOLVEN

43 - Remplir

```
N  J  P  U  H  E  O  Y  X  E  M  S  M  Z
Z  U  E  R  K  K  Z  C  U  L  Z  I  A  K
Y  A  E  E  N  V  E  L  O  P  P  F  N  T
F  B  K  R  A  T  W  E  F  M  A  P  D  H
A  E  U  E  M  M  E  R  A  Z  K  O  I  U
G  K  K  I  D  R  V  K  J  Z  J  T  E  B
V  K  D  G  S  D  D  O  O  S  E  L  N  N
L  E  T  Z  J  X  E  F  L  A  D  E  B  V
H  N  V  S  A  F  J  F  L  T  H  C  L  A
W  K  A  R  T  O  N  E  R  E  O  E  A  T
D  D  A  L  G  D  R  R  B  C  S  K  D  J
U  O  S  E  S  E  R  G  W  L  K  C  O  E
A  K  U  S  C  P  F  U  J  Z  N  A  T  W
C  S  H  P  Z  X  O  F  P  G  K  Y  I  B
```

VAT	PAKJE
BEKKEN	DIENBLAD
DOOS	POT
FLES	ZAK
KRAT	EMMER
KARTON	LADE
MAP	BUIS
ENVELOP	KOFFER
MAND	VAAS

44 - Ballet

```
P G M U Z I E K T M R G C I
U E R I T M E U E J E K H N
B B S M R M U S C A P L O T
L A K D S L Y S H P E I R E
I A M A E R G I N P T Q E N
E R S N X B F E I L I C O S
K F T S P V A R E A T O G I
S P I E R E N L K U I M R T
K O J R E O C I L S E P A E
L H L S S Q R J F E Z O F I
Y T H O S I S K N X R N I T
Y A R T I S T I E K Q I E N
S A A E E C R V G S W S N B
U O S B F H J D S V T T Y A
```

APPLAUS
ARTISTIEK
BALLERINA
CHOREOGRAFIE
COMPONIST
DANSERS
EXPRESSIEF
GEBAAR
SIERLIJK
INTENSITEIT

SPIEREN
MUZIEK
ORKEST
PUBLIEK
REPETITIE
RITME
SOLO
STIJL
TECHNIEK

45 - Fruit

```
X F S V V S A B K G O Z M Q
J R F V P S O C A N A N A S
P A G J A B R I K O O S N R
S M G U P C A T P E E R G Y
X B A N A A N R B W R T O W
F O T D J V J O Z I V S M S
P O S M A O E E I C L I Z G
E S F M P C F N D K D M J E
R F V Z P A M J Z L K W F G
Z X O N E D R U I F D V Q Z
I H M E L O E N K G M V U W
K I W I B O A E L I Y H S B
G K P N E C T A R I N E A F
D O Y A S N K U E V P I F O
```

ABRIKOOS	KIWI
ANANAS	MANGO
AVOCADO	MELOEN
BES	NECTARINE
BANAAN	ORANJE
KERS	PAPAJA
CITROEN	PERZIK
VIJG	PEER
FRAMBOOS	APPEL
GUAVE	DRUIF

46 - Surf

```
R  Q  S  S  E  X  T  R  E  E  M  W  S  R
O  I  K  C  F  R  Z  M  Z  A  A  E  T  N
P  T  F  H  I  V  E  T  A  F  Q  E  R  P
P  Y  N  U  S  T  I  J  L  A  Y  R  A  K
B  E  G  I  N  N  E  R  G  L  G  E  N  G
V  K  D  M  P  O  P  U  L  A  I  R  D  O
D  R  C  D  Z  W  E  M  M  E  N  I  P  L
A  A  O  C  E  A  A  N  Z  E  V  T  L  F
T  C  I  H  O  L  K  A  M  P  I  O  E  N
L  H  G  B  M  M  E  N  I  G  T  E  Z  C
E  T  V  A  Y  C  S  N  E  L  H  E  I  D
E  O  Z  C  U  X  F  S  S  T  V  H  E  N
T  O  V  V  U  R  X  Y  S  T  Y  C  R  A
U  N  K  S  A  F  E  Z  P  D  X  P  T  J
```

PLEZIER	ZWEMMEN
ATLEET	OCEAAN
KAMPIOEN	PEDDELEN
BEGINNER	STRAND
MAAG	POPULAIR
EXTREEM	RIF
KRACHT	STIJL
MENIGTE	GOLF
WEER	SNELHEID
SCHUIM	

47 - Technologie

```
U  O  C  Y  V  F  R  R  I  B  I  N  E  T
C  U  Q  N  X  E  D  I  G  I  T  A  A  L
S  U  B  H  J  C  I  B  E  S  T  A  N  D
T  I  R  F  L  A  V  L  B  H  C  L  N  Q
A  N  O  S  C  M  I  O  I  Y  A  O  Q  B
T  T  W  C  O  E  R  G  G  G  T  F  T  S
I  E  S  H  M  R  T  N  E  W  H  E  F  G
S  R  E  E  P  A  U  Y  G  P  Z  E  S  V
T  N  R  R  U  M  E  X  E  K  J  B  I  W
I  E  I  M  T  F  E  V  V  R  D  Z  F  D
E  T  I  E  E  G  L  B  E  R  I  C  H  T
K  B  D  F  R  P  U  V  N  V  I  R  U  S
S  O  F  T  W  A  R  E  S  A  M  M  O  U
X  I  J  C  V  O  N  D  E  R  Z  O  E  K
```

BLOG	BROWSER
CAMERA	DIGITAAL
CURSOR	BYTES
GEGEVENS	COMPUTER
SCHERM	ONDERZOEK
BESTAND	VEILIGHEID
INTERNET	STATISTIEK
SOFTWARE	VIRTUEEL
BERICHT	VIRUS

48 - Comédie

```
W N H O H G G G P R Z C X L
U Z R S T E L E V I S I E Q
L E G R T N C Z X D K A P S
Z X R P A R O D I E N I U C
E X A E X E I K X W U S B P
E X P R E S S I E F Z V L M
I M P R O V I S A T I E I A
J Q I C R B V C C P G T E P
B O G S L I M L T L E H K P
R G W X H U M O R E L E R L
S W D X O J G W I Z A A D A
G R A P P E N N C I C T X U
A C T E U R I S E E H E L S
F R M G R H S T P R Q R K G
```

ACTEUR
ACTRICE
PLEZIER
APPLAUS
GRAPPEN
CLOWNS
GRAPPIG
EXPRESSIEF
GENRE

HUMOR
IMPROVISATIE
SLIM
PARODIE
PUBLIEK
GELACH
TELEVISIE
THEATER

49 - Météo

```
W Z U N W N R K L I M A A T
D X Q O N R I A P K A L M E
O R W D F Z E X T B Q C I M
N T O M O E S S O N S G S P
D T F O W V C D R O O G T E
E M V G G O O G N Z Q W M R
R B R I E S L T A C D G S A
H E M E L V I K D I O X R T
E S W I N D M J O N L M Y U
O R K A A N O M S T O R M U
E J K T J A T M O S F E E R
G T T R O P I S C H V D R U
R E G E N B O O G Z S T S I
Z X R H X N P O L A I R X V
```

REGENBOOG	ORKAAN
ATMOSFEER	POLAIR
BRIES	DROOG
MIST	DROOGTE
KALM	TEMPERATUUR
HEMEL	STORM
KLIMAAT	DONDER
IJS	TORNADO
MOESSON	TROPISCH
WOLK	WIND

50 - Châteaux

```
T  U  F  E  D  E  L  E  I  H  C  H  C  T
O  W  E  O  Y  D  M  P  A  A  R  I  J  K
R  J  O  M  N  P  M  U  U  R  C  K  S  M
E  Z  D  P  A  A  R  D  E  N  G  W  D  V
N  J  A  S  S  I  H  I  Y  A  B  Z  R  D
K  F  A  Z  T  L  H  J  N  S  U  Z  A  S
R  O  L  R  I  D  D  E  R  S  U  X  A  L
O  R  I  B  E  E  N  H  O  O  R  N  K  T
O  T  Z  S  K  O  N  I  N  K  R  I  J  K
N  K  T  C  P  R  I  N  S  E  S  E  F  L
C  G  G  H  Z  I  X  P  A  L  E  I  S  Q
K  X  X  I  L  K  A  T  A  P  U  L  T  F
E  O  J  L  Z  W  A  A  R  D  B  R  M  D
R  R  A  D  S  X  S  H  P  C  X  M  A  K
```

HARNAS	FEODAAL
SCHILD	FORT
KATAPULT	EENHOORN
PAARD	MUUR
RIDDER	EDELE
KROON	PALEIS
DRAAK	PRINS
DYNASTIE	PRINSES
RIJK	KONINKRIJK
ZWAARD	TOREN

51 - Randonnée

```
K A L Z O N A T U U R G B F
A D V O W R G O G E M I K E
M I O N M I I P F C T D A Z
P Q O V O X L Ë Q C S S A J
E Y R W E E R D N V B E R G
R B B A B E D E R T L N T C
E R E T W A A L E L A K K G
N C R E U Y L Z L A L T L J
U Y E R S U G O G A R E I U
K L I F K T N T N R C A M E
X S D I E R E N C Z W A A R
B M I C F R Q N U E R A A Z
Z M N P P A R K E N J F T N
F P G L C R J N J N P R J V
```

DIEREN	WEER
LAARZEN	BERG
KAMPEREN	NATUUR
KAART	ORIËNTATIE
KLIMAAT	PARKEN
WATER	STENEN
KLIF	VOORBEREIDING
MOE	WILD
GIDSEN	ZON
ZWAAR	TOP

52 - Meubles

```
B R X L N M S T O E L Z T E
P A M L E B A N K L K R L K
V J V G U B W T A P I J T B
G P S B I D D O R U V T J U
I O B K P F A K S A V P U S
B H R A S Q R E M Z S O D P
U A F D Z Q F U T O N S S I
R N A J I D R E S S O I R E
E G U E D J W Q D B B K I G
A M T S Y I N U D Z E U W E
U A E K U S S E N S D S O L
V T U B O E K E N K A S T A
E K I Q F N S S V B N E P M
N P L A N K E N M F I N Y P
```

BANK	HANGMAT
BOEKENKAST	LAMP
BUREAU	BED
STOEL	MATRAS
DRESSOIR	SPIEGEL
KUSSENS	KUSSEN
PLANKEN	GORDIJNEN
FAUTEUIL	TAPIJT
FUTON	

53 - Art

```
S O S U R R E A L I S M E S
Y N V I S U E E L C A P E C
M D T M N L J K O Z M E M H
B E E L D H O U W W E R K I
O R K P O Ë Z I E Z N S O L
O W E U F X M H Y U S O R D
L E R Y E I I I E D T O I E
E R A C G H G Y O G E N G R
E P M R O U Y U K I L L I I
R E I E Z M R S U J L I N J
L J S Ë G E P X I R I J E E
I M C R O U S L M Q N K E N
J B H E A R O Y E L G V L R
K B S N W X A S U X D X V R
```

KERAMISCH	SCHILDERIJEN
COMPLEX	PERSOONLIJK
SAMENSTELLING	POËZIE
CREËREN	BEELDHOUWWERK
FIGUUR	ONDERWERP
EERLIJK	SURREALISME
HUMEUR	SYMBOOL
ORIGINEEL	VISUEEL

54 - Nutrition

```
S P E C E R I J E N B W V A
J S C O T X G E W I C H T Q
K W A L I T E I T J W K D K
D V L U G E Z O N D H E I D
B C O Z S B O H R B W B Y Y
B Q R L V A N D I E E T I O
B E I M F N D C S E P P S J
I F E R M E N T A T I E N G
T E Ë T O X I N E L T M M D
T E N V N M T P B U S Y J L
E E E T B A A R X S M A A K
R E I W I T T E N T P G U T
V L O E I S T O F F E N Z A
K O O L H Y D R A T E N E R
```

BITTER	GEWICHT
EETLUST	EIWITTEN
CALORIEËN	KWALITEIT
EETBAAR	GEZOND
DIEET	GEZONDHEID
SPECERIJEN	SAUS
FERMENTATIE	SMAAK
KOOLHYDRATEN	TOXINE
VLOEISTOFFEN	

55 - Science Fiction

```
F D B O E K E N E B D U R L
I U E T Q G N P X I Y T E E
P S T N D P C L T O S O A P
L C D U K E E A R S T P L A
D E F W R B Q N E C O I I C
Y N H A F I E E E O P E S B
O A U Z R P S E M O I Z T A
H R A T O O M T L P E J I L
L I A B G I E Z I D M U S W
G O W K X I L L U S I E C E
M Y S T E R I E U S C G H R
X F E X P L O S I E I H G E
R R O B O T S B R A N D G L
F A N T A S T I S C H W E D
```

ATOOM
BIOSCOOP
DYSTOPIE
EXPLOSIE
EXTREEM
FANTASTISCH
BRAND
FUTURISTISCH
ILLUSIE
DENKBEELDIG

BOEKEN
WERELD
MYSTERIEUS
ORAKEL
PLANEET
REALISTISCH
ROBOTS
SCENARIO
UTOPIE

56 - Vertus #1

```
B N G U L M P Z T I C A B R
E I Z O Z V E N B N H R G E
S E E Y E E R R E T A T E F
C U L H M D F S J E R I P F
H W F S S W H B X L M S A I
E S V S N G C Y Z L A T S C
I G E S C H O O N I N I S I
D I R F C R H T Q G T E I Ë
E E Z A E U R W M E I K O N
N R E M P A T I Ë N T F N T
F I K A B P N J M T I P E C
N G E U J I I S L A N P E W
G P R D C R M G Q U R P R L
Z B D P R A K T I S C H D M
```

ARTISTIEK	INTELLIGENT
GOED	BESCHEIDEN
CHARMANT	GEPASSIONEERD
ZELFVERZEKERD	PATIËNT
NIEUWSGIERIG	PRAKTISCH
GRAPPIG	SCHOON
EFFICIËNT	WIJS
GUL	

57 - Professions #1

```
J  M  B  R  A  N  D  W  E  E  R  M  A  N
A  U  P  S  Y  C  H  O  L  O  O  G  V  C
G  Z  W  D  I  E  R  E  N  A  R  T  S  A
E  I  V  E  R  P  L  E  E  G  S  T  E  R
R  K  K  M  L  D  P  H  R  G  W  G  Q  T
P  A  V  S  P  I  A  N  I  S  T  T  C  O
R  N  F  B  U  G  E  L  J  G  S  K  R  G
T  T  W  X  P  Y  P  R  E  D  I  T  O  R
R  L  O  O  D  G  I  E  T  E  R  D  D  A
A  M  B  A  S  S  A  D  E  U  R  A  O  A
I  A  S  T  R  O  N  O  O  M  S  N  K  F
N  P  P  B  A  N  K  I  E  R  H  S  T  K
E  G  E  O  L  O  O  G  I  N  Z  E  E  P
R  A  D  V  O  C  A  A  T  K  X  R  R  P
```

AMBASSADEUR	GEOLOOG
ASTRONOOM	VERPLEEGSTER
ADVOCAAT	DOKTER
BANKIER	MUZIKANT
JUWELIER	PIANIST
CARTOGRAAF	LOODGIETER
JAGER	BRANDWEERMAN
DANSER	PSYCHOLOOG
TRAINER	DIERENARTS
EDITOR	

58 - Géologie

```
F N Q P K W A R T S E S S C
F C T L R I I D V F R T T O
D B Z A I X R U L A O A E N
G R O T S K Z N L X S L E T
G L U E T F O I A K I A N I
E G T A A Z N R V O E C V N
I O M U L U E L A A G T U E
S N B T L U K I D A U I L N
E M I N E R A L E N L E K T
R P Q I N N B H Z O B T A C
G E S M O L T E N Y H S A H
C H K S F O S S I E L Y N R
Q C A L C I U M M U E N N Z
W T C S N X K C U D L X H W
```

ZUUR	GEISER
CALCIUM	LAVA
GROT	MINERALEN
CONTINENT	STEEN
KORAAL	PLATEAU
LAAG	KWARTS
KRISTALLEN	ZOUT
EROSIE	STALACTIET
GESMOLTEN	VULKAAN
FOSSIEL	ZONE

59 - Cirque

```
S  K  A  A  R  T  J  E  B  Z  S  V  B  G
P  O  M  A  P  A  C  R  O  B  A  A  T  O
E  S  U  A  B  A  L  L  O  N  N  E  N  O
C  T  Z  P  C  I  R  A  I  N  L  O  Q  C
T  U  I  O  L  I  F  A  N  T  E  N  T  H
A  U  E  T  O  N  Q  T  D  V  E  S  U  E
C  M  K  I  W  D  B  N  L  E  U  G  F  L
U  A  J  J  N  R  A  R  R  R  W  H  S  A
L  G  B  G  D  M  D  M  C  M  E  F  V  A
A  I  U  E  F  Y  R  X  P  A  I  E  S  R
I  E  F  R  A  X  S  D  L  K  J  O  P  M
R  J  O  N  G  L  E  U  R  E  C  F  V  J
D  I  E  R  E  N  X  S  O  N  Z  R  B  T
X  P  Z  T  O  E  S  C  H  O  U  W  E  R
```

ACROBAAT	GOOCHELAAR
DIEREN	MAGIE
BALLONNEN	LAAT
KAARTJE	MUZIEK
CLOWN	PARADE
KOSTUUM	AAP
VERMAKEN	SPECTACULAIR
OLIFANT	TOESCHOUWER
JONGLEUR	TENT
LEEUW	TIJGER

60 - Jardin

```
U G Z T U I N F E S K Y F R
P A D E R Q Y F Z B L O E M
B R H R H A N G M A T A S N
O A C R W Z M G S C D N N Q
O G J A A A I P B A N K S G
M E U S S U U N O S T M C B
M O N K R U I D D L V G H O
G S T R U I K M E U I K O O
R A E L T G H N M V J N P M
H Q Z J W B A C I F V P E G
E J K O I F R P V J E N E A
K I B X N H K T J I R S Z A
P U M W Z V G R A S G F V R
W I J N S T O K Y F K L K D
```

BOOM	ONKRUID
BANK	SCHOP
STRUIK	GAZON
HEK	HARK
VIJVER	BODEM
BLOEM	TERRAS
GARAGE	TRAMPOLINE
HANGMAT	SLANG
GRAS	BOOMGAARD
TUIN	WIJNSTOK

61 - Barbecues

```
M E S S E N J A N Z Z S U G
U K I P L A L A W O K O I E
Z R D Z G X L T T M I K U U
I Z G D R K M R F E N L V T
E F A M I L I E R R D T S O
K J M H L N H L U U E L T M
S H E J L I E G I I R U J A
Q H S A U S E R T E E N E T
D E A T B W T O P N N C E E
W I L H V O R E C E T H I N
I M A R X H Y N C K P K D T
F A D C J F T T G A V E L I
F L E N N Q C E L F K A R B
P O S H O N G E R Z B C A P
```

HEET	GAMES
MESSEN	GROENTE
LUNCH	MUZIEK
DINER	UIEN
KINDEREN	PEPER
ZOMER	KIP
HONGER	SALADES
FAMILIE	SAUS
FRUIT	ZOUT
GRILL	TOMATEN

62 - Anniversaire

```
K  U  Z  C  P  K  Z  B  C  F  F  W  S  J
A  I  T  N  A  A  I  L  I  E  D  I  P  O
A  T  U  V  G  L  T  I  M  J  U  J  E  N
R  N  L  H  E  E  L  J  A  A  R  S  C  G
S  O  F  Y  S  N  G  E  M  R  E  H  I  C
E  D  H  D  C  D  A  G  R  C  T  E  A  W
N  I  V  G  H  E  X  K  A  E  W  I  A  O
C  G  E  M  E  R  B  O  U  Q  N  D  L  E
C  I  T  W  N  L  V  I  E  R  I  N  G  U
A  N  X  I  K  Y  U  G  E  B  O  R  E  N
K  G  K  J  J  N  E  K  A  A  R  T  E  N
E  E  X  Y  M  D  W  Q  K  O  Q  R  P  C
M  N  P  L  E  Z  I  E  R  I  M  X  W  Y
V  R  I  E  N  D  E  N  T  D  G  T  L  N
```

VRIENDEN	CAKE
PLEZIER	GELUKKIG
JAAR	UITNODIGINGEN
LEREN	JONG
KAARSEN	DAG
GESCHENK	BLIJ
KALENDER	GEBOREN
KAARTEN	WIJSHEID
LIED	SPECIAAL
VIERING	TIJD

63 - Animaux de Compagnie

```
S  I  W  I  M  J  Z  Z  Q  F  A  E  R  K
Y  L  E  Z  C  U  N  V  Q  A  T  J  Z  L
F  U  H  L  Y  K  S  R  X  H  A  S  C  A
G  E  I  T  P  O  T  E  N  Y  H  V  J  U
H  P  L  B  U  N  A  Z  V  P  N  Y  V  W
O  P  H  X  P  I  A  E  K  K  A  T  J  E
N  T  A  P  J  R  E  A  O  G  I  O  N
D  R  M  P  Y  N  T  N  T  X  E  V  N  P
M  Y  S  L  E  H  A  G  E  D  I  S  K  Y
U  Y  T  T  I  G  V  O  E  D  S  E  L  Q
I  S  E  D  L  W  A  T  E  R  Z  P  G  E
S  K  R  A  A  G  G  A  S  B  F  P  U  U
V  I  S  M  F  S  C  H  I  L  D  P  A  D
D  I  E  R  E  N  A  R  T  S  K  N  B  N
```

KAT	HAGEDIS
KATJE	VOEDSEL
GEIT	POTEN
HOND	PAPEGAAI
PUPPY	VIS
KRAAG	STAART
WATER	MUIS
KLAUWEN	SCHILDPAD
HAMSTER	KOE
KONIJN	DIERENARTS

64 - Forêt Tropicale

```
D I V E R S I T E I T B V Q
Z N I D N W O L K E N E O M
G H H S A I H O P H W H G O
I E O Q M O S R R X C O E S
I E M A C L S G E T X U L I
J M G E M Q M Y Z S X D S N
I S M F E Y N N X R P S F S
C X E B K N A T U U R E D E
J U N G L E S I U R J F C C
F C Z F I Y G C K D V R E T
Z K W F M A F O H S L V O E
D F H O A W P T I A M Y T N
A B O T A N I S C H P T C N
Q Q J V T A M F I B I E Ë N
```

AMFIBIEËN   JUNGLE
BOTANISCH   MOS
KLIMAAT   NATUUR
GEMEENSCHAP   WOLKEN
DIVERSITEIT   VOGELS
SOORT   BEHOUD
INHEEMS   RESPECT
INSECTEN

65 - Insectes

```
H  O  R  Z  E  L  T  J  O  R  Y  B  F  L
T  F  I  E  Z  G  K  E  S  V  A  B  W  I
K  A  K  K  E  R  L  A  K  E  T  J  H  B
E  E  K  Q  H  S  N  P  Z  Q  T  R  M  E
I  N  V  I  C  E  C  C  I  O  X  P  U  L
M  F  H  E  O  W  L  X  X  L  V  Q  G  A
V  V  W  O  R  M  A  O  B  P  D  B  F  P
M  B  I  D  S  P  R  I  N  K  H  A  A  N
C  I  C  A  D  E  V  L  O  Y  H  Z  C  I
A  J  E  X  K  W  E  S  P  O  I  Q  T  S
Z  X  V  R  V  L  I  N  D  E  R  Q  Y  L
S  P  R  I  N  K  H  A  A  N  R  X  R  X
B  L  A  D  L  U  I  S  N  T  K  X  N  W
U  S  O  Z  G  B  F  T  E  R  M  I  E  T
```

BIJ	MUG
KAKKERLAK	VLINDER
CICADE	VLO
MIER	BLADLUIS
HORZEL	SPRINKHAAN
WESP	KEVER
LARVE	TERMIET
LIBEL	WORM
BIDSPRINKHAAN	

66 - Ferme #1

```
I O R X Z R U G O K U L P B
K O E H H R B T Q K R A A I
A X X Y B L K Z O I U N A J
A V J Z I T Y Q T P S D R X
K S W N Z G B N M V K B D M
A A A H O N I N G H O O I E
L V T T N J G P G D K U I S
F X E Z E L H H O N D W Z T
E N R L D B E D K G E I T Z
E X I W D S K P U R X B Y O
N G J D L U N I C C O S M L
Q Q S I Y I B T Y P S V P N
O J T T E N I G S W P P G O
I M B E E L O I G P S H J A
```

BIJ	KRAAI
LANDBOUW	WATER
EZEL	MEST
BIZON	HOOI
VELD	HONING
KAT	KIP
PAARD	RIJST
GEIT	KUDDE
HOND	KOE
HEK	KALF

67 - Escalade

```
Z H A G I D S E N F L Q L R
G K T C U H K N R Z S M A L
U R M R E A V T L B F U A F
I W O R J N A I G D Y F R W
T A S T L D B U H Q S I Z H
D N F D E S K U N D I G E O
A D E Q T C T A O O E O N O
G E E B S H E J A Q K W I G
I L R Q E O X P K R A C H T
N E G A L E A Z R M T H K E
G N D O F N D T E R R E I N
E R O P L E I D I N G L Z N
N M K S X N R U N I D M N X
Q H S T A B I L I T E I T C
```

HOOGTE	KRACHT
ATMOSFEER	OPLEIDING
LETSEL	HANDSCHOENEN
LAARZEN	GROT
KAART	GIDSEN
HELM	FYSIEK
UITDAGINGEN	WANDELEN
DESKUNDIGE	STABILITEIT
SMAL	TERREIN

68 - École #2

```
S  H  P  T  I  L  D  Q  G  E  W  C  B  O
C  C  U  G  A  M  E  S  O  F  O  O  P  N
H  Y  H  I  H  S  F  R  K  N  G  M  P  D
A  H  E  R  S  S  F  K  E  T  B  P  O  E
A  A  K  C  I  W  A  O  I  N  I  U  T  R
R  P  D  Y  S  F  E  H  T  G  B  T  L  W
B  O  E  K  E  N  T  R  I  X  L  E  O  I
K  A  L  E  N  D  E  R  K  S  I  R  O  J
L  Q  T  Z  P  A  P  I  E  R  O  X  D  S
E  A  C  T  I  V  I  T  E  I  T  E  N  T
R  L  E  Z  E  N  G  X  T  O  H  U  U  Z
A  W  O  O  R  D  E  N  B  O  E  K  L  T
A  S  M  K  Y  G  X  U  U  B  E  A  O  P
R  J  Q  X  T  U  O  M  S  O  K  X  E  H
```

ACTIVITEITEN	LERAAR
LEREN	SCHRIFT
BIBLIOTHEEK	ONDERWIJS
BUS	GAMES
KALENDER	LEZEN
SCHAAR	BOEKEN
POTLOOD	COMPUTER
HUISWERK	PAPIER
WOORDENBOEK	

69 - Antarctique

```
J U T N W T I V J A E V V T
O M G E V I N G O L X G I E
F C T M N E T G M G P R W M
R O T S A C H T I G E N G P
Y N B R W U H E N M D L G E
T T A Z B W A T E R I J S R
B I A D J O I D R J T A Q A
W N I H C L J G A G I T M T
U E M M B K X B L O E J F U
W N R C D E Q Y E C D K R U
L T W L T N G J N H R W O R
W A L V I S S E N I O F S V
G L E T S J E R S I N U Y G
O N D E R Z O E K E R P D J
```

BAAI	IJS
WALVISSEN	GLETSJERS
ONDERZOEKER	MINERALEN
BEHOUD	WOLKEN
CONTINENT	VOGELS
WATER	ROTSACHTIG
OMGEVING	TEMPERATUUR
EXPEDITIE	

70 - Professions #2

```
I N G E N I E U R A Y K Z C
T L B I O L O O G R D T O F
P I L O O T W B B T E X N O
P A L U Z J A F O S L E D T
R S V I S C H I L D E R E O
O T D Z N T B C H I R U R G
F R T O F G R D A S A O Z R
E O A Ö I S U A O R A B O A
S N N L L U E Ï T P R N E A
S A D O O W L Y S O W C K F
O U A O S I H O O T R T E T
R T R G O T U I N M A N R X
H W T J O U R N A L I S T L
I D S O F U I T V I N D E R
```

ASTRONAUT
BIOLOOG
ONDERZOEKER
CHIRURG
TANDARTS
LERAAR
ILLUSTRATOR
INGENIEUR
UITVINDER
TUINMAN

JOURNALIST
LINGUÏST
ARTS
SCHILDER
FILOSOOF
FOTOGRAAF
PILOOT
PROFESSOR
ZOÖLOOG

71 - Les Abeilles

```
R  T  S  F  K  O  N  I  N  G  I  N  V  A
O  V  O  O  R  D  E  L  I  G  O  L  L  T
O  Y  H  H  T  U  X  B  L  O  E  M  E  N
K  U  P  B  P  W  I  R  F  X  S  Z  U  D
L  H  R  L  U  I  M  T  T  R  H  B  G  I
V  O  X  O  A  K  L  O  O  U  M  T  E  V
O  E  H  E  X  N  E  B  A  G  I  X  L  E
E  C  O  S  Y  S  T  E  E  M  J  N  S  R
D  A  N  E  C  Z  W  E  R  M  R  C  Z  S
S  C  I  M  E  O  A  Q  N  N  J  M  U  I
E  Z  N  Z  R  N  S  M  I  N  S  E  C  T
L  G  G  S  T  U  I  F  M  E  E  L  H  E
B  I  J  E  N  K  O  R  F  J  D  Z  M  I
H  A  B  I  T  A  T  C  O  B  M  L  Q  T
```

VLEUGELS	HABITAT
VOORDELIG	INSECT
WAS	TUIN
DIVERSITEIT	HONING
ZWERM	VOEDSEL
ECOSYSTEEM	PLANTEN
BLOESEM	STUIFMEEL
BLOEMEN	KONINGIN
FRUIT	BIJENKORF
ROOK	ZON

72 - Dinosaures

```
H E R D Z X A A R D E S K C
S E N E X Y P W K F V T R A
O S R O P R O O I O O A A R
O I C B R T K C U S L A C N
R H F O I M I B Z S U R H I
T A G C E V Q E W I T T T V
K M T W Y B O C L E I Z I O
Z A K O A T B O E L E J G O
O M N I V O O R R E E E H R
R M G R O O T E N V L J J
O O V E R D W I J N I N G P
V E Z C U X H L G R O O T X
V T R O O F V O G E L O K A
P P R E H I S T O R I S C H
```

CARNIVOOR	OMNIVOOR
VERDWIJNING	PREHISTORISCH
SOORT	PROOI
ENORM	KRACHTIG
EVOLUTIE	STAART
FOSSIELEN	ROOFVOGEL
GROOT	REPTIEL
HERBIVOOR	GROOTTE
MAMMOET	AARDE

73 - Conduite

```
Z  V  C  B  G  R  R  B  K  A  E  M  V  T
Z  E  V  R  A  C  H  T  A  U  T  O  H  U
O  R  E  A  S  G  N  O  A  T  P  T  N  N
N  V  I  N  B  E  S  L  R  O  B  O  V  N
G  O  L  D  H  V  N  I  T  Z  G  R  E  E
E  E  I  S  X  A  D  C  R  Y  A  F  R  L
L  R  G  T  D  A  S  E  L  R  R  I  K  T
U  R  H  O  Q  R  S  N  Y  F  A  E  E  J
K  V  E  F  J  K  T  T  E  Y  G  T  E  Y
P  Y  I  M  W  E  G  I  E  L  E  S  R  C
P  J  D  G  M  E  B  E  E  O  H  F  U  G
G  W  M  V  O  E  T  G  A  N  G  E  R  D
M  O  T  O  R  I  N  P  O  L  I  T  I  E
Z  W  T  T  E  M  S  S  Y  V  L  V  B  D
```

ONGELUK	MOTORFIETS
VRACHTAUTO	VOETGANGER
BRANDSTOF	POLITIE
KAART	WEG
GEVAAR	VEILIGHEID
REMMEN	VERKEER
GARAGE	VERVOER
GAS	TUNNEL
LICENTIE	SNELHEID
MOTOR	AUTO

74 - Plantes

```
B W S P R B O S F Y K G G P
O R T L O L D C Y L D E R T
O B R A G O G K L W O M A U
N E U N B E E R X X A R S I
B S I T L M B O O M C F A N
W P K K O E A L C E X Z U T
M K L U E S M D A S I K W H
W B I N M T B U C D L E Q V
K Q M D B O O J T T E G N C
C K O E L O E E U Y P R M T
D M P N A M O S S H X B T J
O Q O Q D V E G E T A T I E
W O R T E L Y K D W E M C K
F F C S Z M O A A S P O Y H
```

BOOM	BOS
BES	GROEIEN
BAMBOE	BOON
PLANTKUNDE	GRAS
STRUIK	TUIN
CACTUS	KLIMOP
MEST	MOS
GEBLADERTE	BLOEMBLAD
BLOEM	WORTEL
FLORA	VEGETATIE

75 - Ferme #2

```
L T S S B O O M G A A R D M
Y R S C C Q M T K O B H U N
L A M A H H V D K S I I T S
X C H R J A U V Z T J G R E
Z T V W V D A U D G E R S T
P O M A Ï S Y P R V N O J Z
P R D B O E R F L O K E K I
A B I L A M E T Y E O N N L
B H E R D E R N Y D R T J B
Z A R M F L H U D S F E U Y
Y Z E N R K D U W E I D E S
Z O N V U R J K J L U P E K
W W J V I R R I G A T I E Q
S B M X T A R W E U L H C N
```

LAM	LAMA
BOER	GROENTE
DIEREN	MAÏS
HERDER	SCHAAP
TARWE	VOEDSEL
EEND	GERST
FRUIT	WEIDE
SCHUUR	BIJENKORF
IRRIGATIE	TRACTOR
MELK	BOOMGAARD

76 - École #1

```
S N K K S B E U N H M V P G
B U R E A U O Z R F N A O T
E J J F S T O E L E G M T G
W I S K U N D E K T L A L J
V R I E N D E N G E H R O C
C M N E N F P D L L N K O I
N A N T W O O R D E N E D J
U P A P I E R Z A R G R A F
L P L U N C H C T A B I L E
L E R E N K F Q T A Q N F R
X N X K Z J U U V R L G A S
O H G Y J I Q I K W R E B B
D D Y N O H E Z Y J K N E G
E X A M E N S R S H L R T Q
```

ALFABET   LERAAR
VRIENDEN   EXAMENS
PLEZIER   BOEKEN
LEREN   MARKERINGEN
BUREAU   WISKUNDE
STOEL   CIJFERS
POTLOOD   PAPIER
LUNCH   QUIZ
MAPPEN   ANTWOORDEN

77 - Vacances #2

```
B  L  K  A  M  P  E  R  E  N  T  B  H  J
E  U  A  V  Y  V  I  E  G  W  V  R  H  D
S  C  A  Y  A  F  L  S  T  R  A  N  D  S
T  H  R  D  E  C  A  T  K  K  W  J  Q  I
E  T  T  N  P  C  N  A  Y  H  O  Z  Z  T
M  H  A  L  V  N  D  U  T  R  E  I  N  Q
M  A  N  X  R  V  W  R  C  O  B  U  V  T
I  V  G  S  I  X  V  A  K  A  N  T  I  E
N  E  A  W  J  I  L  N  X  J  N  F  S  N
G  N  H  O  E  O  J  T  Z  E  E  A  U  T
H  Z  O  D  T  V  E  R  V  O  E  R  M  F
U  O  T  G  I  P  A  S  P  O  O  R  T  O
F  R  E  B  J  R  E  I  S  G  T  A  P  V
G  M  L  T  D  N  G  H  M  P  J  Z  W  T
```

LUCHTHAVEN	STRAND
KAMPEREN	RESTAURANT
KAART	TAXI
BESTEMMING	TENT
HOTEL	TREIN
EILAND	VERVOER
VRIJE TIJD	VAKANTIE
ZEE	VISUM
PASPOORT	REIS

78 - Temps

```
D E C E N N I U M A A N D D
H S C Z A D L A P P V D I A
K Q T Z S Z V R R S R I C G
R Y P C U V E U S M B H J J
U M I D D A G J V K E M G A
E R Z S K T P V Q P C Y V A
N A C H T J O C H T E N D R
W X F V K A L E N D E R W L
O E M L L A Q M K V O O R I
B U E U O R L R W O I R E J
T R C K K E E U W D M Z Q K
U S P O E D I G C J J S N S
A U M I N U U T K R H R T K
N U R G I S T E R E N D Q S
```

JAAR   KLOK
JAARLIJKS   DAG
NA   NU
VOOR   OCHTEND
SPOEDIG   MIDDAG
KALENDER   MINUUT
DECENNIUM   MAAND
TOEKOMST   NACHT
UUR   WEEK
GISTEREN   EEUW

79 - Maison

```
G Z L H E C O M B I W B G M
U O B V L A M P U N I I G X
G L R U G R A H U U J B M U
D D D D E U R B E M R L S T
O E P A I P R S R K S I L X
U R Y K T J D P A K D O E E
C T B G Z J N I A E U T U X
H A A R D S O E M U W H T N
E P X K W F Q G N K L E E G
J I G A R A G E N E W E L Q
Y J O M H D X L R N T K S G
B T B E Z E M P L A F O N D
K D B R T H V T U I N W V Y
T R V Z U Y I G D R Y R I O
```

BEZEM
BIBLIOTHEEK
KAMER
HAARD
SLEUTELS
HEK
KEUKEN
DOUCHE
RAAM
GARAGE

ZOLDER
TUIN
LAMP
SPIEGEL
MUUR
PLAFOND
DEUR
GORDIJNEN
TAPIJT
DAK

80 - Légumes

```
A  S  E  L  D  E  R  I  J  B  C  O  V  S
G  M  F  P  V  S  J  A  L  O  T  E  J  F
P  O  M  P  O  E  N  U  A  R  L  K  C  A
F  T  E  C  O  E  W  B  O  P  D  V  J  I
K  O  M  K  O  M  M  E  R  M  Y  J  L  R
R  E  R  U  A  Y  B  R  O  C  C  O  L  I
A  G  R  I  F  E  K  G  J  Y  T  R  D  S
D  R  I  W  G  X  N  I  H  O  G  X  P
I  W  T  Z  T  P  O  N  F  N  M  N  H  I
J  O  O  I  B  Z  F  E  T  I  A  C  E  N
S  R  L  Y  S  A  L  A  D  E  A  M  A  A
E  T  I  Q  M  J  O  E  I  N  T  A  Y  Z
N  E  J  V  P  U  O  G  E  M  B  E  R  I
G  L  F  C  G  O  K  K  V  S  R  C  B  E
```

KNOFLOOK	SPINAZIE
ARTISJOK	GEMBER
AUBERGINE	RAAP
BROCCOLI	UI
WORTEL	OLIJF
SELDERIJ	ERWT
POMPOEN	RADIJS
KOMKOMMER	SALADE
SJALOT	TOMAAT

81 - Plage

```
H O E I C V X N N W N K K S
A E C C W P A R A P L U J C
N I I E Z O N K R I F H R H
D I B L A U W U A V I L T E
D H E Q A A G S A N V Z F L
O D O K N N N T Z R T E Z P
E E X L A Q D E T G W I W E
K B K J H G S A N D A L E N
R O R R E T A Y A U P B M X
A O A W X C P N E Y Z O M Q
B T R Z Z L A G U N E O E J
V T D V A S R N M Q E T N L
G K J T F H Z O Z Q G K C V
W E S Z A N D P J I U D S A
```

BOOT
BLAUW
SCHELPEN
KUST
KRAB
DOK
EILAND
LAGUNE
ZEE
ZWEMMEN

OCEAAN
PARAPLU
RIF
ZAND
SANDALEN
HANDDOEK
ZON
VAKANTIE
ZEILBOOT

82 - Famille

```
Y  M  D  S  N  R  S  W  X  C  D  C  C  E
N  I  C  H  T  P  Z  B  N  M  H  P  D  J
K  E  V  H  Q  M  R  K  R  V  L  J  O  E
I  I  E  K  L  E  I  N  Z  O  O  N  C  U
N  T  N  F  V  A  D  E  R  O  E  Y  H  G
D  L  Q  D  R  Q  J  D  N  R  Q  R  T  D
E  C  Y  E  O  J  L  W  M  O  E  D  E  R
R  Z  V  P  U  Z  O  M  Z  U  S  C  R  Y
E  J  R  W  W  Q  B  P  E  D  V  I  U  J
N  O  O  O  M  T  A  N  T  E  C  B  S  C
M  O  P  X  Z  V  A  D  E  R  L  I  J  K
R  M  A  N  T  W  E  E  L  I  N  G  N  K
S  D  W  I  T  C  N  Q  H  A  A  Z  G  E
G  R  O  O  T  M  O  E  D  E  R  J  T  C
```

VOOROUDER	MAN
JEUGD	MOEDER
KIND	NEEF
KINDEREN	NICHT
VROUW	OOM
DOCHTER	VADERLIJK
BROER	KLEINZOON
GROOTMOEDER	VADER
OPA	ZUS
TWEELING	TANTE

83 - Oiseaux

```
A G B Y T M H C M K M N B L
N F S T R U I S V O G E L W
W M T Y E S D A D E L A A R
R E O B I Q O P J K E B Q O
J E E B G S J J C O K P G O
X U K D E P A U W E R I B I
Z W A A R E C W S K A N G E
B W N Y K L E F D A A G A V
J M A L W I F N X L I U N A
O P K A O K U O D H M Ï S A
K I P Z N A U G O U S N F R
Y K P Z H A F L A M I N G O
L Y D J C N X O B V H F J J
P A P E G A A I X F N Y E I
```

ADELAAR	PINGUÏN
STRUISVOGEL	MUS
EEND	MEEUW
OOIEVAAR	EI
DUIF	GANS
KRAAI	PAUW
KOEKOEK	PAPEGAAI
ZWAAN	PELIKAAN
FLAMINGO	KIP
REIGER	TOEKAN

84 - Disciplines Scientifiques

```
M I N E R A L O G I E Y I A
M E T E O R O L O G I E Y N
B P L A N T K U N D E M T A
I B F W M E C H A N I C A T
O V B R T R O B O T I C A O
C E C O L O G I E T D F L M
H P S Y C H O L O G I E K I
E S O C I O L O G I E Q U E
M A R C H E O L O G I E N K
I M M U N O L O G I E P D O
E I C F Y S I O L O G I E P
G E O L O G I E C H E M I E
N E U R O L O G I E R I C L
C B I O L O G I E Y X I Z C
```

ANATOMIE	TAALKUNDE
ARCHEOLOGIE	MECHANICA
BIOCHEMIE	METEOROLOGIE
BIOLOGIE	MINERALOGIE
PLANTKUNDE	NEUROLOGIE
CHEMIE	FYSIOLOGIE
ECOLOGIE	PSYCHOLOGIE
GEOLOGIE	ROBOTICA
IMMUNOLOGIE	SOCIOLOGIE

85 - Émotions

```
O A N L S T L V O B A D R O
P X I I T E D E R H E I D P
G L V E T V J R U S T B A L
E O Q F G R S V K A X N N U
W W A D V E Y E D A Z N K C
O M O E S D M L V O L I B H
N V R E D E P I Q R Q M A T
D N R Y D N A N G S T E A I
E H I H F E T G D A N N R N
N X Z Q M A H I N H O U D G
L O S L N N I V R E U G D E
I J A U Q V E K Q O J I N C
W V E R R A S S I N G W T Y
B E S C H A A M D H S H V T
```

LIEFDE   ANGST
KALM   DANKBAAR
WOEDE   OPLUCHTING
INHOUD   TEVREDEN
BESCHAAMD   VERRASSING
VERVELING   SYMPATHIE
OPGEWONDEN   TEDERHEID
VREUGDE   RUST
VREDE

86 - Géographie

```
A C H H L W S Y E W Z M X B
P S T A D J L I I E Z E E R
W P G U L Y K G L S L R U E
I H D P K F P E A T S I Q E
X K V H U A R H N E Q D O D
H O O G T E A O D N Z I B T
T I R I V I E R N W U A E E
R H N M B U A X T D I A R G
N O O R D E N E R B D N G R
R Y C J L P L W E R E L D A
E Y Q E T B A K O P N Q N A
G S H L A A N A T L A S F D
I G C J T A D Z M E U V C G
O P K P C O N T I N E N T G
```

HOOGTE
ATLAS
KAART
CONTINENT
RIVIER
HALFROND
EILAND
BREEDTEGRAAD
ZEE
MERIDIAAN

WERELD
BERG
NOORDEN
OCEAAN
WESTEN
LAND
REGIO
ZUIDEN
STAD

87 - Danse

```
A C N R G L Y Q E Y P B H C
M U Z I E K U N S T A E O P
E L V N X P S F A R R W U W
M T I F P R E T B A T E D K
O U S F R K A T L D N G I S
T U U I E S U W I I E I N C
I R E F S R P V J T R N G U
E G E Y S R I R X I I G J L
H C L N I E R T I O K E Z T
A C A D E M I E M N G N D U
D W T U F L Z P P E G K F R
G E N A D E V C Q E F E H E
L I C H A A M X V L V A N E
K L A S S I E K P I X B J L
```

ACADEMIE
KUNST
KLASSIEK
LICHAAM
CULTUUR
CULTUREEL
EXPRESSIEF
EMOTIE
GENADE
BLIJ

BEWEGING
MUZIEK
PARTNER
HOUDING
REPETITIE
RITME
SPRINGEN
TRADITIONEEL
VISUEEL

88 - Bâtiments

```
O  L  W  P  S  G  E  F  V  J  I  A  D  L
D  S  S  V  C  T  A  L  S  V  I  P  U  A
C  T  H  P  H  D  O  R  D  B  S  P  Z  B
K  A  S  L  O  W  S  R  A  Y  U  A  U  O
A  D  B  Z  O  H  C  I  E  G  P  R  B  R
S  I  J  I  L  O  H  B  C  N  E  T  I  A
T  O  A  E  N  T  U  N  G  P  R  E  O  T
E  N  B  K  Q  E  U  H  B  C  M  M  S  O
E  B  B  E  A  L  R  F  K  J  A  E  C  R
L  M  A  N  T  E  N  T  Z  W  R  N  O  I
M  P  T  H  E  A  T  E  R  R  K  T  O  U
V  V  M  U  S  E  U  M  Z  J  T  S  P  M
C  U  N  I  V  E  R  S  I  T  E  I  T  M
C  Q  W  S  A  M  B  A  S  S  A  D  E  T
```

AMBASSADE	HOTEL
APPARTEMENT	LABORATORIUM
CABINE	MUSEUM
KASTEEL	STADION
BIOSCOOP	SUPERMARKT
SCHOOL	TENT
GARAGE	THEATER
SCHUUR	TOREN
ZIEKENHUIS	UNIVERSITEIT

89 - Pêche

```
C K A X G O D G T D B T F K
M S I P E C K R M V G K H O
Z E X A W E I M A G L E O K
Y J C F I A E E A A R G V Z
V E F O C A U E S U D G E Q
H A A K H N W R I V I E R C
S Q J F T P E S Y O S D D Z
B T W W S R N Z K N E U R H
T O R E N M N E A W I L I W
R M O A B O U X A I Z D J A
B H Y T N M B Z K N O I V T
U A W D A D M A N D E A I E
A P P A R A T U U R N P N R
M A U B O I G K N S F K G N
```

AAS	RIVIER
BOOT	MEER
KIEUWEN	KAAK
HAAK	OCEAAN
KOK	MAND
WATER	GEDULD
OVERDRIJVING	STRAND
APPARATUUR	GEWICHT
DRAAD	SEIZOEN

90 - Activités et Loisirs

```
F E K W A N D E L E N M D S
H I U Z W E M M E N C G U C
T E N N I S U R F E N O I H
K L S B A S K E T B A L K I
O N T S P A N N E N S F E L
V H E N G E L S P O R T N D
H O N K B A L T P M M A W E
V B L T U I N I E R E N D R
O B X L F I A Q M R O D M I
E Y F Y E K H S Y E A P M J
T V J C N Y N L D I W C K Q
B R H F K Q B O K S E N E M
A T T Q A J K A M P E R E N
L W S S J E M I L A V A V A
```

KUNST   HOBBY
HONKBAL   SCHILDERIJ
BASKETBAL   HENGELSPORT
BOKSEN   DUIKEN
KAMPEREN   WANDELEN
RACEN   ONTSPANNEN
VOETBAL   SURFEN
GOLF   TENNIS
TUINIEREN   VOLLEYBAL
ZWEMMEN   REIS

91 - Livres

```
G E D I C H T O Y K T C J S
L H C K N E P I S C H C I E
S I O L A U T E U R T O N R
L S L P V E R H A A L N V I
I T L D O R O M A N X T E E
T O E Q N Ë B R C P A E N M
E R C V T B Z E H Z X X T K
R I T D U A L I T E I T I B
A S I R U I D X E L E Z E R
I C E C R E L E V A N T F B
R H H U M O R I S T I S C H
V E R T E L L E R C M D O T
O B L A D Z I J D E G P E B
T R A G I S C H V U X S T R
```

AUTEUR	LEZER
AVONTUUR	LITERAIR
COLLECTIE	VERTELLER
CONTEXT	BLADZIJDE
DUALITEIT	RELEVANT
EPISCH	GEDICHT
VERHAAL	POËZIE
HISTORISCH	ROMAN
HUMORISTISCH	SERIE
INVENTIEF	TRAGISCH

92 - Pays #2

```
K  L  G  C  L  O  P  O  A  J  A  P  A  N
S  E  W  H  A  C  T  M  J  S  L  M  O  S
E  N  N  C  O  C  C  X  K  S  B  E  E  O
P  A  K  I  S  T  A  N  B  Y  A  X  Z  E
S  C  K  P  A  F  O  F  G  R  N  I  C  D
H  O  R  U  S  L  A  N  D  I  I  C  V  A
A  M  M  S  G  E  C  I  Y  Ë  U  O  O  N
Ï  Z  J  A  D  E  N  E  M  A  R  K  E  N
T  W  J  M  L  V  W  R  X  I  R  F  H  O
I  C  R  Z  K  I  B  L  I  B  A  N  O  N
G  W  H  E  Y  J  Ë  A  E  H  E  L  K  I
G  V  Q  I  N  D  O  N  E  S  I  Ë  I  P
O  E  G  A  N  D  A  D  K  R  N  O  T  J
T  G  Y  S  B  A  J  A  M  A  I  C  A  J
```

ALBANI	LAOS
CHINA	LIBANON
DENEMARKEN	MEXICO
HAÏTI	OEGANDA
INDONESIË	PAKISTAN
IERLAND	RUSLAND
JAMAICA	SOMALIË
JAPAN	SOEDAN
KENIA	SYRIË

93 - Fournitures d'Art

```
W  E  T  A  A  W  Q  S  J  Y  I  C  A  T
K  C  P  B  R  A  O  I  L  A  H  Z  Q  G
T  B  O  R  S  T  E  L  S  C  W  C  U  S
A  V  T  G  O  E  L  Z  I  R  E  L  A  H
F  K  L  E  U  R  E  N  Z  E  I  O  R  O
E  L  O  Z  G  O  M  E  Z  A  M  B  E  Q
L  E  D  E  E  N  N  T  N  T  F  P  L  F
A  I  E  L  K  Q  P  A  P  I  E  R  L  P
S  C  N  I  D  E  E  Ë  N  V  A  U  E  A
E  T  R  C  A  M  E  R  A  I  V  B  N  S
C  B  O  Y  F  R  I  N  K  T  Z  V  C  T
Y  B  L  E  L  I  J  M  R  E  X  W  O  E
X  W  U  C  L  Z  R  R  L  I  H  J  J  L
H  O  U  T  S  K  O  O  L  T  R  F  L  K
```

ACRYL	POTLODEN
AQUARELLEN	CREATIVITEIT
KLEI	WATER
BORSTELS	INKT
CAMERA	GOM
STOEL	OLIE
HOUTSKOOL	IDEEËN
EZEL	PAPIER
LIJM	PASTEL
KLEUREN	TAFEL

94 - Jouets

```
G B H V R A C H T A U T O T
A A A E P L S B F I E T S R
M L M R V K P O O H B H Q E
E I B F U L Y O N E V B X I
S T A A D P I T S Z K C Y N
Z S C V R O N E M Q A E M V
Y B H O U P W A G Z Z U N H
X V T R M P U Z Z E L T C B
K L E I S C H A A K R F J U
K W N E V L I E G T U I G P
A A U T O E R O B O T A P C
V E R B E E L D I N G M S H
T I X P H I M T U X Y S M W
B V R W A H A W O C K O K X
```

KLEI
AMBACHTEN
VLIEGTUIG
BAL
BOOT
VRACHTAUTO
VLIEGER
SCHAAK
FAVORIET
VERBEELDING

GAMES
BOEKEN
VERF
POP
PUZZEL
ROBOT
DRUMS
TREIN
FIETS
AUTO

95 - Eau

```
M V O C H T I G H E I D T O
R E K U J D O U C H E C G C
F O E I V O R S T D L T O E
J V F R E M E I C N S F L A
V O F R R O G J N O D G V A
S V M I D E E S X K Z R E N
T R Y G A S N F W F B H N H
O S I A M S N E E U W A P X
O H S T P O R I V I E R A B
M D R I I N R W G E I S E R
J T S E N D B K A N A A L M
M W H B G F L D A D I Q P V
V O C H T I G U K A C R R G
O V E R S T R O M I N G Z N
```

KANAAL	IRRIGATIE
DOUCHE	MEER
VERDAMPING	MOESSON
RIVIER	SNEEUW
VORST	OCEAAN
GEISER	ORKAAN
IJS	REGEN
VOCHTIG	DRINKBAAR
VOCHTIGHEID	GOLVEN
OVERSTROMING	STOOM

96 - Paysages

```
I J S B E R G R K G W T Z N
G R T V D F W M H E U V E L
V V A M X O A S E I U A E P
C O F R E D T C Q S J L S I
R S E U I E E K X E R L N F
S I B E L G R O T R N E Z Z
I T E W A Q V W P B N I W M
T C R V N S A O X N Q W O I
L O G A D G L E T S J E R M
A E E W N L M S I C K F I O
L T G N I D O T J Q E W V E
T L R I D N C I H A I M I R
D R L V A R G J R L T H E A
B F K V G I A N E H C Y R S
```

WATERVAL   MEER
HEUVEL   MOERAS
WOESTIJN   ZEE
RIVIER   BERG
GEISER   OASE
GLETSJER   STRAND
GROT   TOENDRA
IJSBERG   VALLEI
EILAND

97 - Nombres

```
C B O P N U L I X N O T V P
V V X A Z E S T I E N W S Y
V E W C T V G F Z G Z I R A
C L N H V D Z E V E N N E E
D E R T I E N J N N H T T N
D K G W J C C A G T V I E R
D U M A F I Y E W X I G F B
T K G A T M F H P Y J E M E
C W L L I A M H D H F Q N D
U T E F E A C H T T I E N D
C T I E N L L G V W H L T S
X V K T F Z V E E R T I E N
Q X L X Q Z E V E N T I E N
D R I E W D E S A D N W T A
```

VIJF	VEERTIEN
TWEE	VIER
DECIMAAL	VIJFTIEN
TIEN	ZESTIEN
ACHTTIEN	ZEVEN
NEGENTIEN	ZES
ZEVENTIEN	DERTIEN
TWAALF	DRIE
ACHT	TWINTIG
NEGEN	NUL

98 - Nature

```
W  O  E  S  T  I  J  N  X  H  U  I  R  B
I  O  F  W  S  E  D  I  E  R  E  N  U  I
L  H  L  O  E  C  R  Y  J  S  A  R  S  J
D  E  G  K  R  D  H  O  Q  C  W  I  T  E
P  I  E  N  E  Y  B  O  S  N  J  V  I  N
T  L  B  I  E  N  F  H  O  I  F  I  G  Q
R  I  L  N  N  A  G  U  A  N  E  E  L  O
O  G  A  D  S  M  I  S  T  E  H  R  Z  O
P  D  D  V  P  I  K  Q  O  E  P  E  I  E
I  O  E  A  M  S  V  I  T  A  A  L  I  B
S  M  R  A  R  C  T  I  S  C  H  E  M  D
C  I  T  D  M  H  G  L  E  T  S  J  E  R
H  U  E  B  G  I  I  D  P  D  I  U  A  K
S  C  H  U  I  L  P  L  A  A  T  S  M  Q
```

BIJEN	RIVIER
SCHUILPLAATS	BOS
DIEREN	GLETSJER
ARCTISCH	WOLKEN
SCHOONHEID	RUSTIG
MIST	HEILIGDOM
WOESTIJN	WILD
DYNAMISCH	SEREEN
EROSIE	TROPISCH
GEBLADERTE	VITAAL

99 - Bateaux

```
O  B  Z  V  W  N  D  Z  J  P  M  K  Q  T
C  E  W  M  Z  A  J  E  R  J  C  A  Y  I
E  M  U  O  Q  U  K  I  T  A  A  J  S  J
A  A  V  T  R  T  M  L  O  C  Z  A  D  T
A  N  I  O  J  I  A  B  U  H  Q  K  Z  Q
N  N  K  R  R  S  T  O  W  T  M  A  Q  G
K  I  B  E  L  C  R  O  U  F  V  N  Y  Q
O  N  T  V  R  H  O  T  V  M  E  O  R  M
C  G  E  L  E  R  O  U  J  Z  E  E  N  L
V  O  B  O  E  I  S  O  M  M  R  E  K  Y
U  L  R  T  W  V  O  F  X  O  B  W  R  K
S  V  X  B  E  I  Z  C  K  R  O  T  E  H
K  E  C  G  J  E  I  V  X  O  O  F  X  X
I  N  R  J  T  R  D  E  A  K  T  E  U  S
```

ANKER	MATROOS
BOEI	MAST
KANO	ZEE
TOUW	MOTOR
BEMANNING	NAUTISCH
VEERBOOT	OCEAAN
RIVIER	VLOT
KAJAK	GOLVEN
MEER	ZEILBOOT
TIJ	JACHT

100 - Mesures

```
T  F  S  W  L  E  N  G  T  E  G  W  U  C
W  K  Q  L  S  I  N  C  H  W  E  X  A  E
V  C  Y  L  R  K  T  H  O  O  G  T  E  N
O  L  P  H  Q  M  I  E  T  N  C  Q  Y  T
L  J  G  W  M  A  G  L  R  S  B  W  N  I
U  J  Z  L  P  S  L  E  O  H  D  N  D  M
M  L  Y  E  D  S  J  D  L  M  I  P  Z  E
E  E  D  W  R  A  G  T  O  N  E  O  S  T
W  J  T  Q  L  E  P  X  P  H  P  T  D  E
K  V  M  E  G  E  W  I  C  H  T  P  E  R
G  U  N  B  R  E  E  D  T  E  E  Z  T  R
R  B  B  Y  A  D  E  C  I  M  A  A  L  I
A  J  N  T  A  M  I  N  U  U  T  Q  C  T
M  Q  W  E  D  K  I  L  O  G  R  A  M  Y
```

CENTIMETER	MASSA
GRAAD	METER
DECIMAAL	MINUUT
GRAM	BYTE
HOOGTE	ONS
KILOGRAM	GEWICHT
KILOMETER	INCH
BREEDTE	DIEPTE
LITER	TON
LENGTE	VOLUME

1 - Été

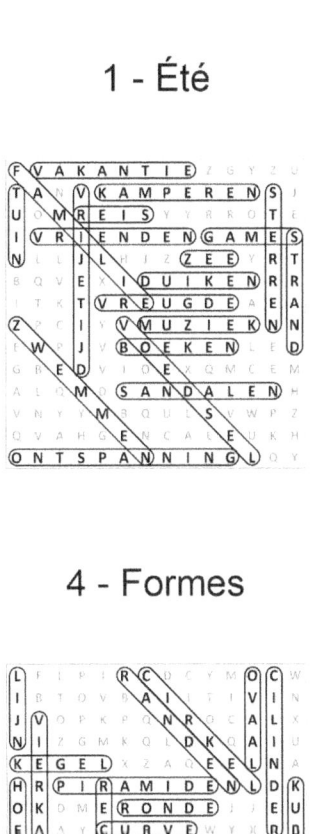

2 - Adjectifs #2

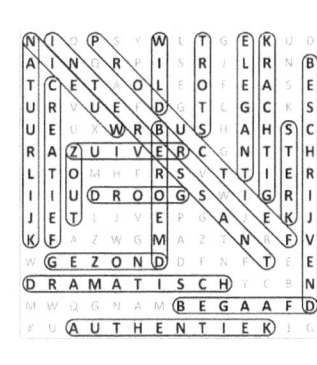

3 - Exploration

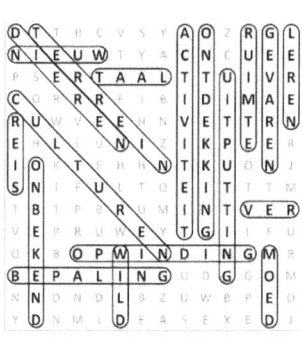

4 - Formes

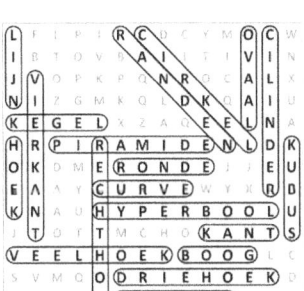

5 - Adjectifs #1

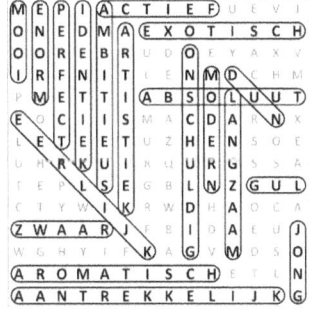

6 - Instruments de Musique

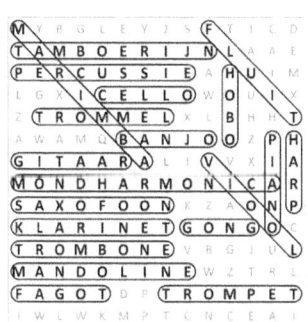

7 - Échecs

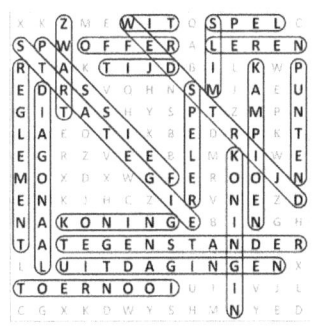

8 - Herboristerie

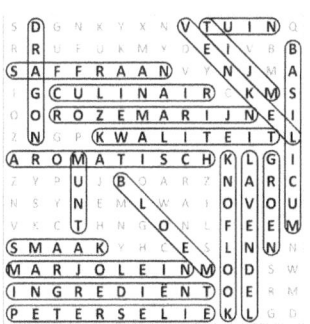

9 - Véhicules

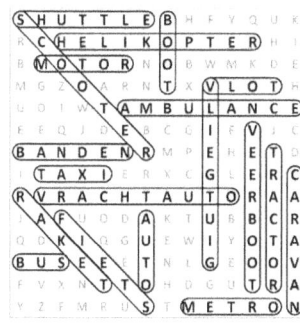

10 - Camping

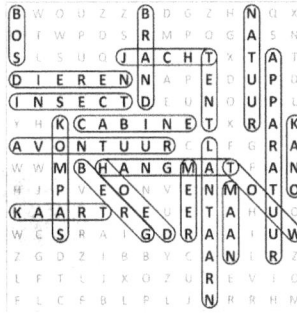

11 - Conservation

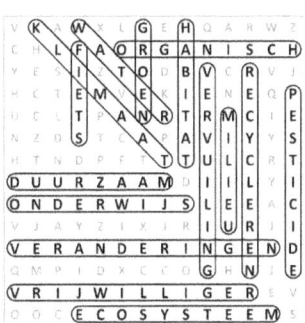

12 - Écologie

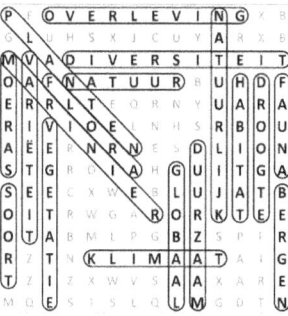

13 - Astronomie

14 - Types de Cheveux

15 - Restaurant #1

16 - Mammifères

17 - Sports

18 - Chocolat

19 - Mathématiques

20 - Mythologie

21 - Restaurant #2

22 - Couleurs

23 - Avions

24 - Aventure

25 - Ville

26 - Cuisine

27 - Corps Humain

28 - Épices

29 - Science

30 - Chats

31 - Vêtements

32 - Arts Visuels

33 - Méditation

34 - Littérature

35 - Nourriture #1

36 - Jours et Mois

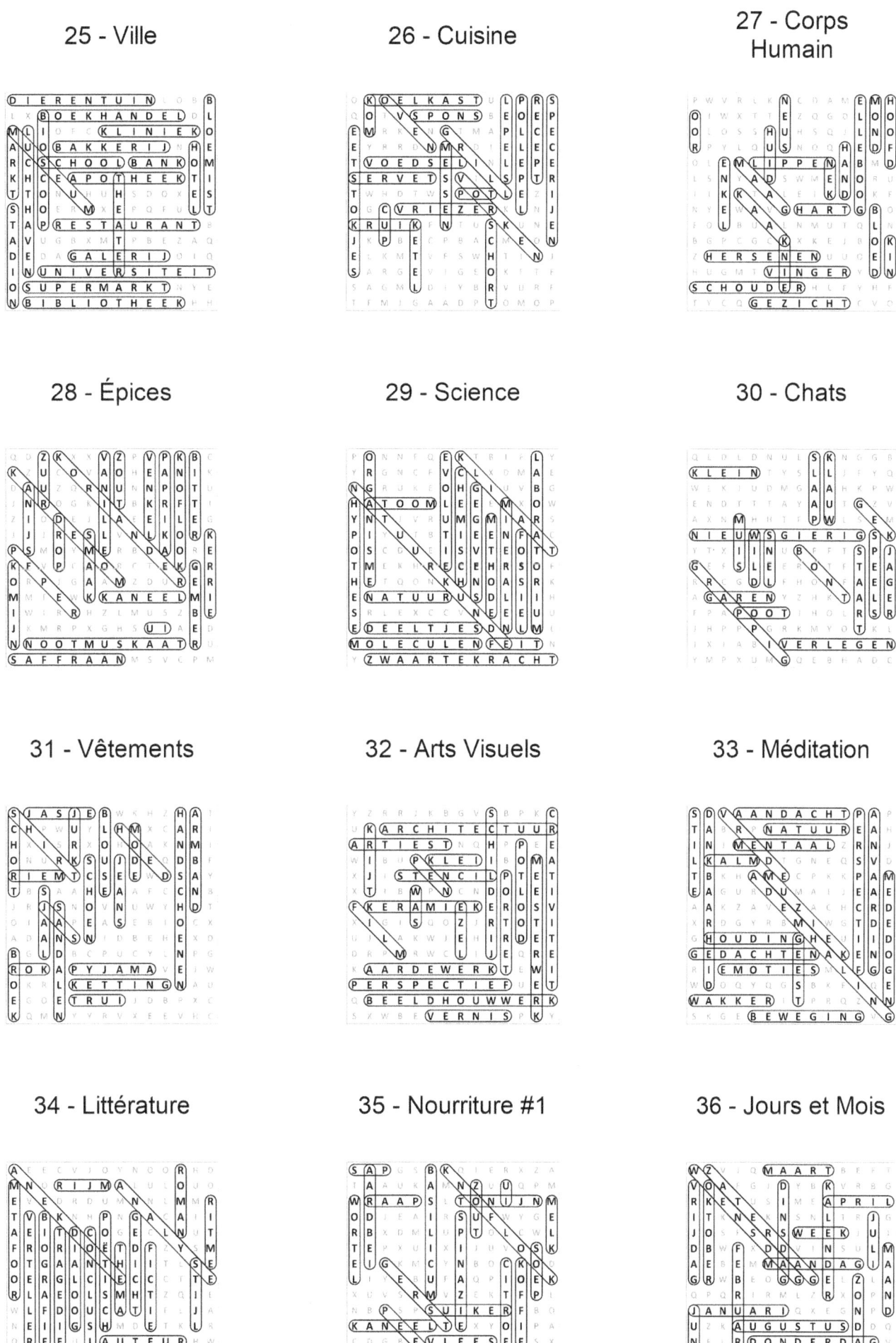

37 - Championnat

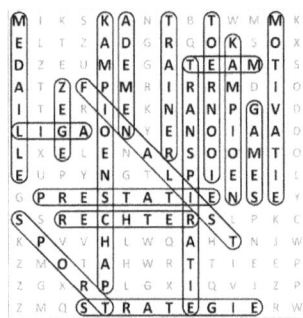

38 - Pirates

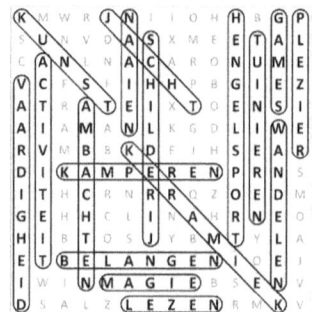

39 - Activités

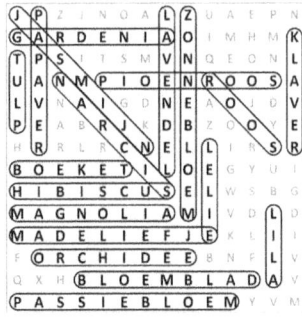

40 - Fleurs

41 - Nourriture #2

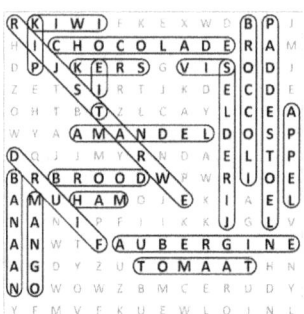

42 - Océan

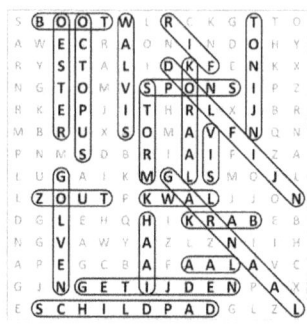

43 - Remplir

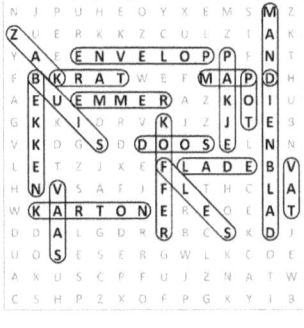

44 - Ballet

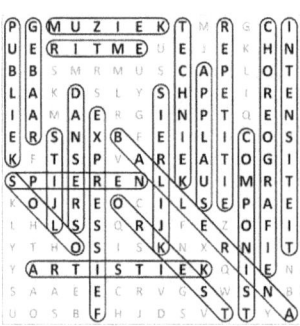

45 - Fruit

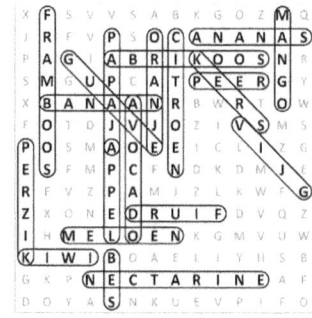

46 - Surf

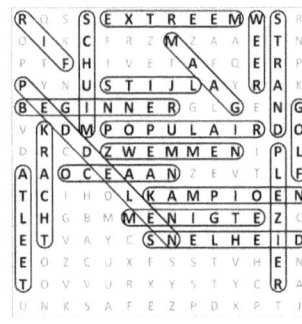

47 - Technologie

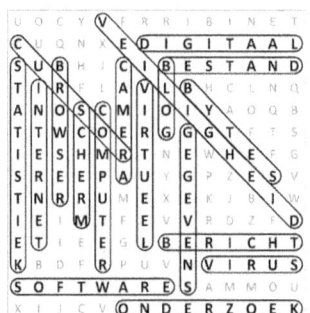

48 - Comédie

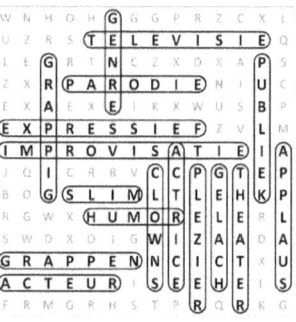

49 - Météo

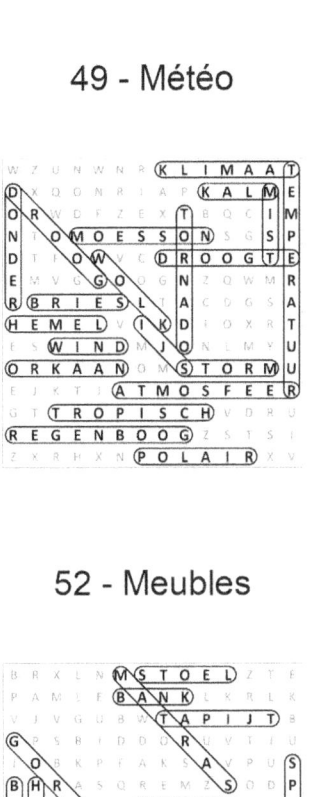

50 - Châteaux

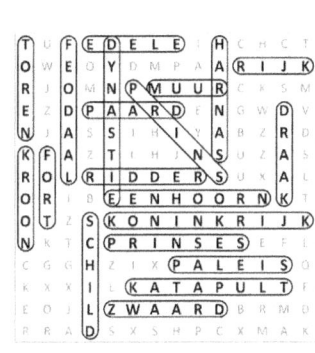

51 - Randonnée

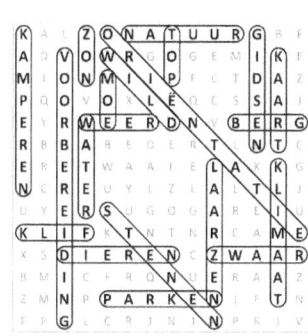

52 - Meubles

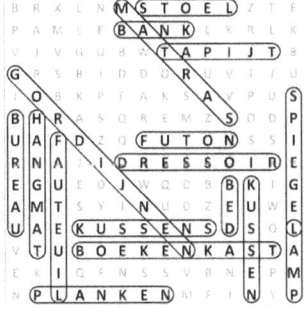

53 - Art

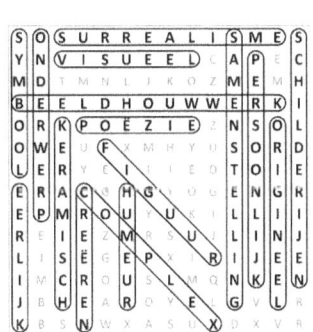

54 - Nutrition

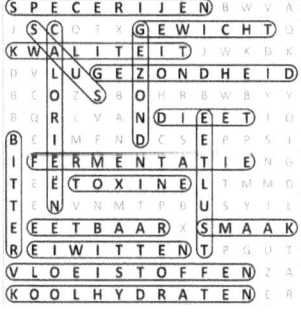

55 - Science Fiction

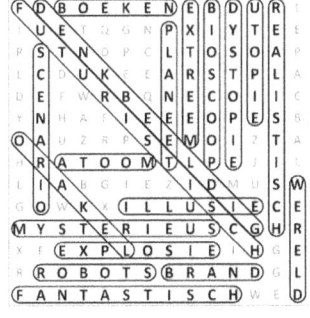

56 - Vertus #1

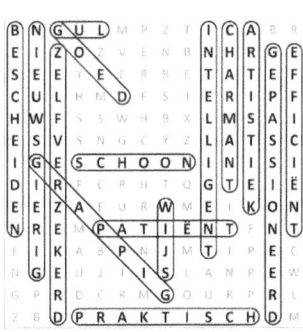

57 - Professions #1

58 - Géologie

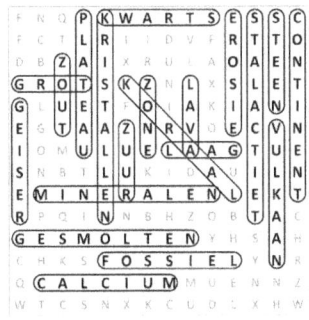

59 - Cirque

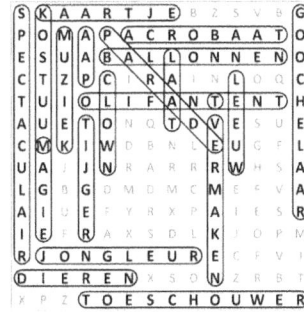

60 - Jardin

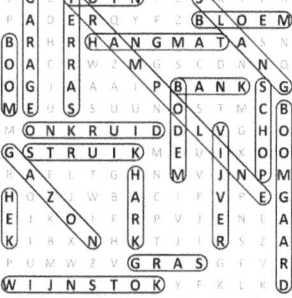

61 - Barbecues

62 - Anniversaire

63 - Animaux de Compagnie

64 - Forêt Tropicale

65 - Insectes

66 - Ferme #1

67 - Escalade

68 - École #2

69 - Antarctique

70 - Professions #2

71 - Les Abeilles

72 - Dinosaures

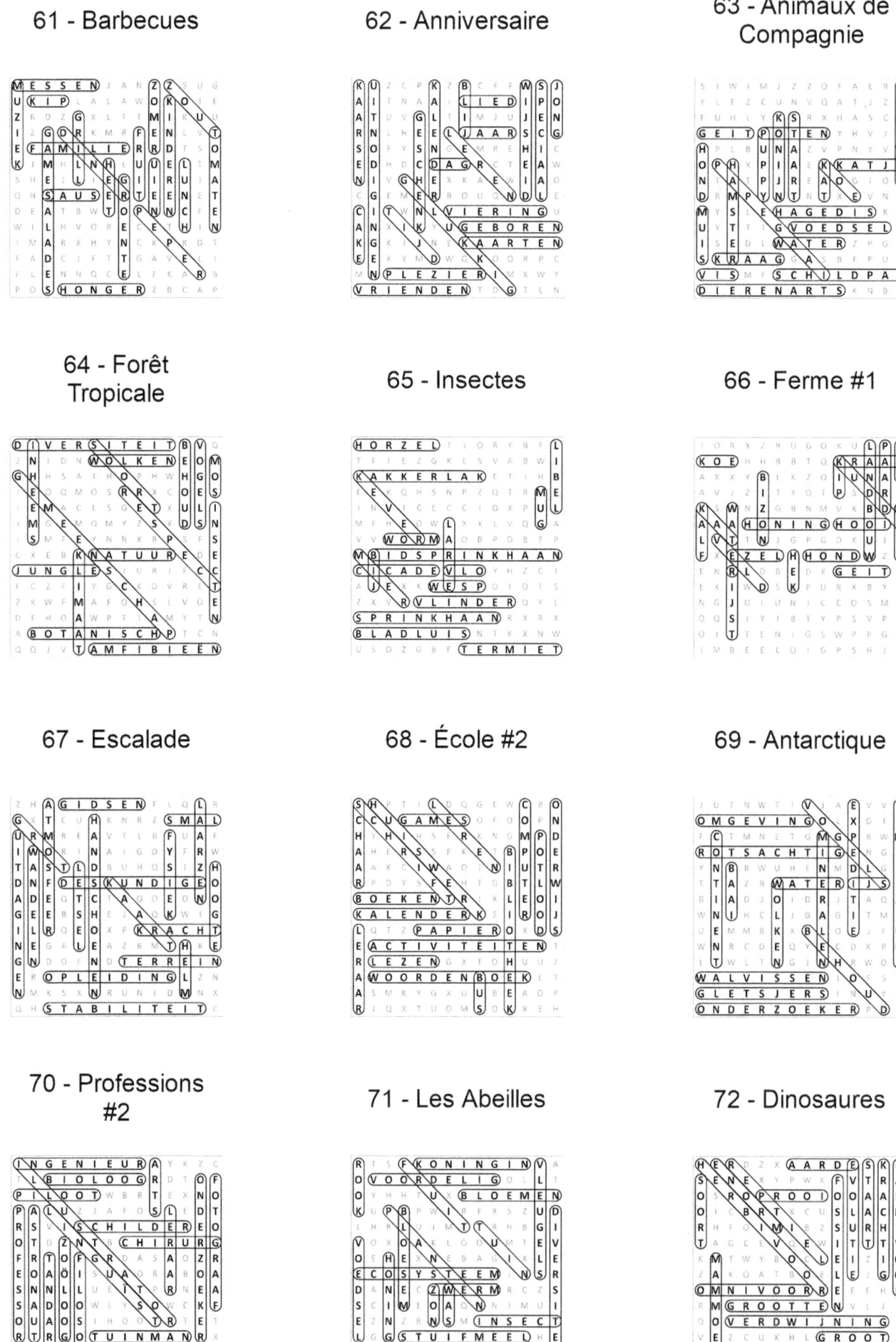

73 - Conduite

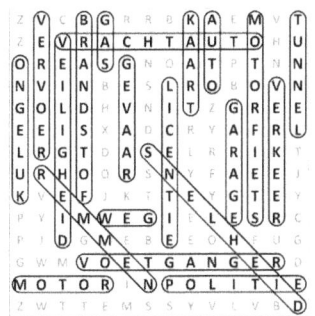

74 - Plantes

75 - Ferme #2

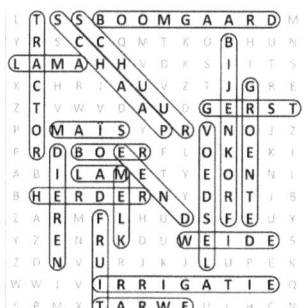

76 - École #1

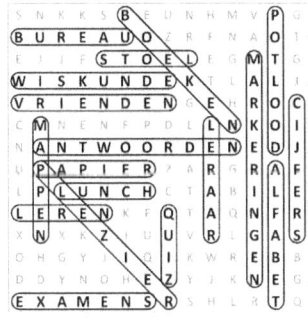

77 - Vacances #2

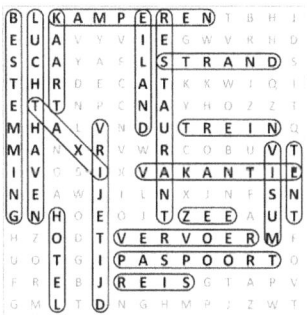

78 - Temps

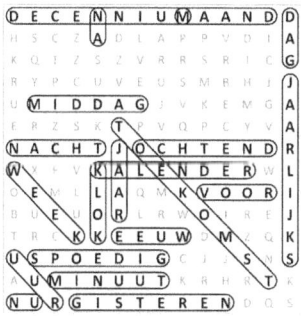

79 - Maison

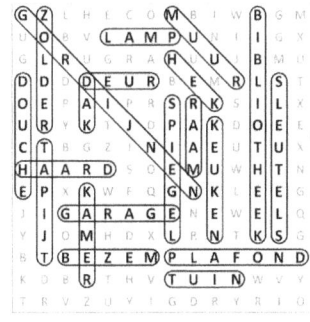

80 - Légumes

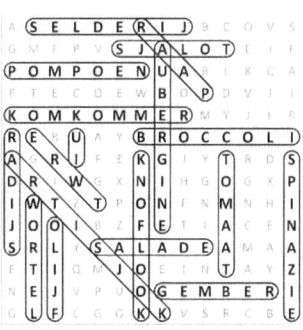

81 - Plage

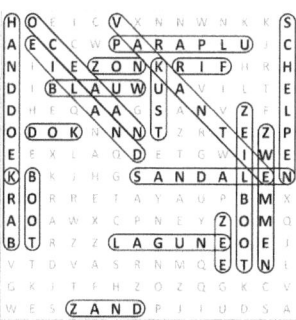

82 - Famille

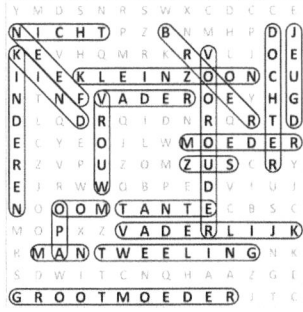

83 - Oiseaux

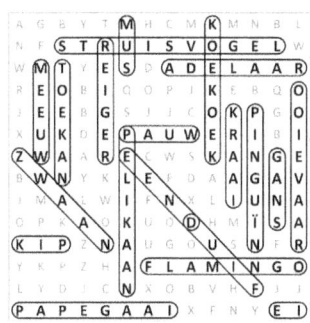

84 - Disciplines Scientifiques

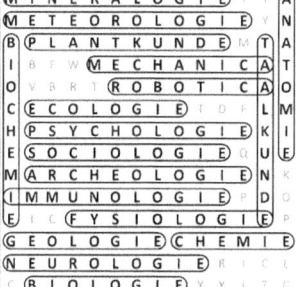

85 - Émotions

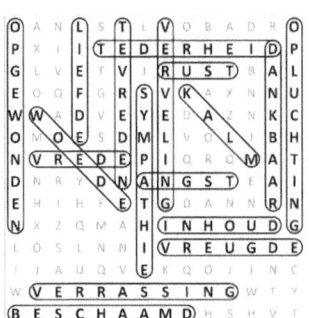

86 - Géographie

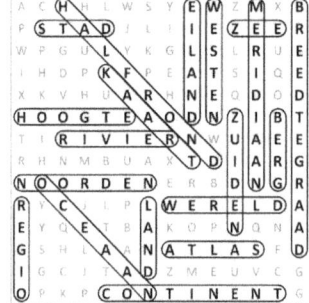

87 - Danse

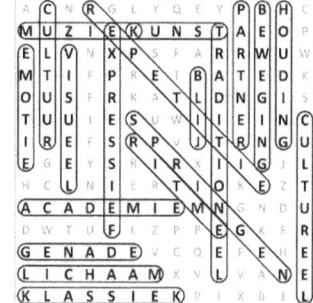

88 - Bâtiments

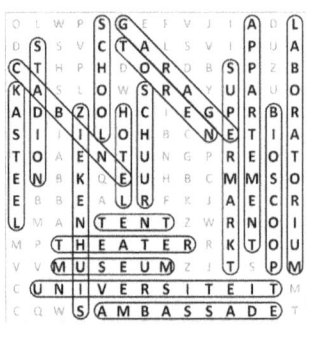

89 - Pêche

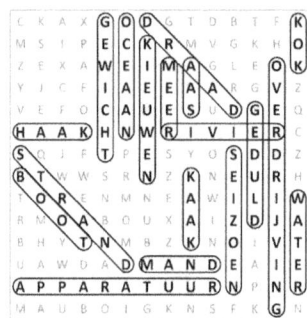

90 - Activités et Loisirs

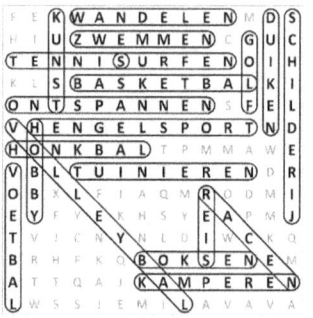

91 - Livres

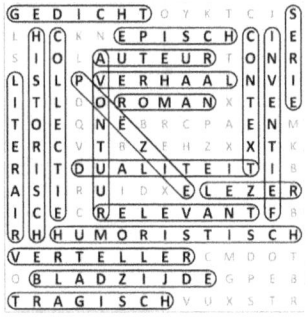

92 - Pays #2

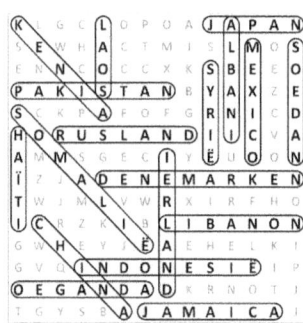

93 - Fournitures d'Art

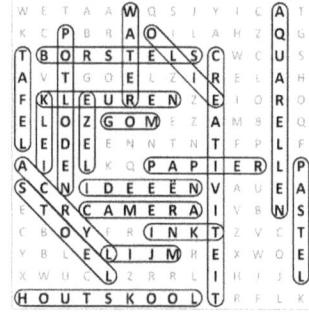

94 - Jouets

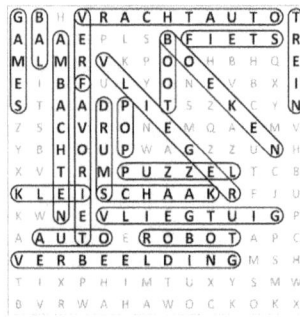

95 - Eau

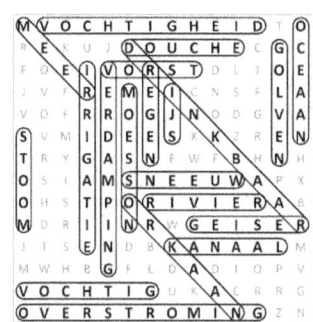

96 - Paysages

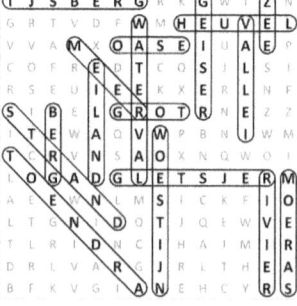

97 - Nombres

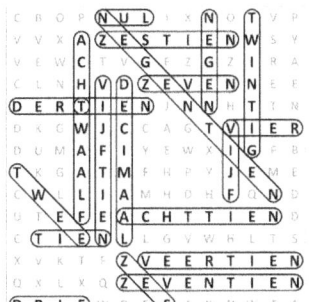

98 - Nature

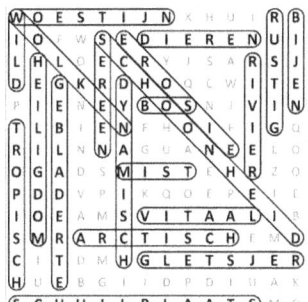

99 - Bateaux

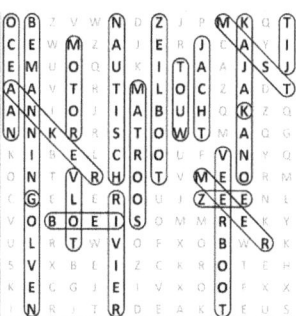

100 - Mesures

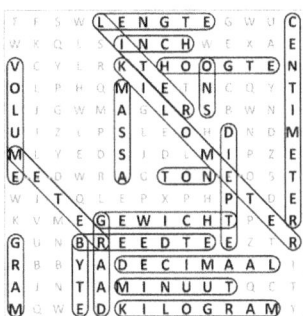

Dictionnaire

Activités
Activiteiten

Activité	Activiteit
Art	Kunst
Artisanat	Ambachten
Camping	Kamperen
Céramique	Keramiek
Chasse	Jacht
Compétence	Vaardigheid
Couture	Naaien
Intérêts	Belangen
Jardinage	Tuinieren
Jeux	Games
Lecture	Lezen
Loisir	Vrije Tijd
Magie	Magie
Peinture	Schilderij
Pêche	Hengelsport
Photographie	Fotografie
Plaisir	Plezier
Randonnée	Wandelen
Relaxation	Ontspanning

Activités et Loisirs
Activiteiten en Vrije Ti

Art	Kunst
Base-Ball	Honkbal
Basket-Ball	Basketbal
Boxe	Boksen
Camping	Kamperen
Course	Racen
Football	Voetbal
Golf	Golf
Jardinage	Tuinieren
Nager	Zwemmen
Passe-Temps	Hobby
Peinture	Schilderij
Pêche	Hengelsport
Plongée	Duiken
Randonnée	Wandelen
Relaxant	Ontspannen
Surf	Surfen
Tennis	Tennis
Volley-Ball	Volleybal
Voyage	Reis

Adjectifs #1
Bijvoeglijke Naamwoorden

Absolu	Absoluut
Actif	Actief
Ambitieux	Ambitieus
Aromatique	Aromatisch
Artistique	Artistiek
Attractif	Aantrekkelijk
Beau	Mooi
Exotique	Exotisch
Énorme	Enorm
Généreux	Gul
Honnête	Eerlijk
Identique	Identiek
Important	Belangrijk
Innocent	Onschuldig
Jeune	Jong
Lent	Langzaam
Lourd	Zwaar
Mince	Dun
Moderne	Modern
Parfait	Perfect

Adjectifs #2
Bijvoeglijke Naamwoorden

Authentique	Authentiek
Célèbre	Beroemd
Créatif	Creatief
Descriptif	Beschrijvend
Doué	Begaafd
Dramatique	Dramatisch
Élégant	Elegant
Fier	Trots
Fort	Sterk
Intéressant	Interessant
Naturel	Natuurlijk
Nouveau	Nieuw
Productif	Productief
Puissant	Krachtig
Pur	Zuiver
Sain	Gezond
Salé	Zout
Sauvage	Wild
Sec	Droog
Somnolent	Slaperig

Animaux de Compagnie
Huisdieren

Chat	Kat
Chaton	Katje
Chèvre	Geit
Chien	Hond
Chiot	Puppy
Collier	Kraag
Eau	Water
Griffes	Klauwen
Hamster	Hamster
Lapin	Konijn
Lézard	Hagedis
Nourriture	Voedsel
Pattes	Poten
Perroquet	Papegaai
Poisson	Vis
Queue	Staart
Souris	Muis
Tortue	Schildpad
Vache	Koe
Vétérinaire	Dierenarts

Anniversaire
Verjaardag

Amis	Vrienden
Amusement	Plezier
Année	Jaar
Apprendre	Leren
Bougies	Kaarsen
Cadeau	Geschenk
Calendrier	Kalender
Cartes	Kaarten
Chanson	Lied
Fête	Viering
Gâteau	Cake
Heureux	Gelukkig
Invitations	Uitnodigingen
Jeune	Jong
Jour	Dag
Joyeux	Blij
Né	Geboren
Sagesse	Wijsheid
Spécial	Speciaal
Temps	Tijd

Antarctique
Antarctica

Baie	Baai
Baleines	Walvissen
Chercheur	Onderzoeker
Conservation	Behoud
Continent	Continent
Eau	Water
Environnement	Omgeving
Expédition	Expeditie
Géographie	Geografie
Glace	Ijs
Glaciers	Gletsjers
Îles	Eilanden
Migration	Migratie
Minéraux	Mineralen
Nuage	Wolken
Oiseaux	Vogels
Péninsule	Schiereiland
Rocheux	Rotsachtig
Température	Temperatuur
Topographie	Topografie

Art
Kunst

Céramique	Keramisch
Complexe	Complex
Composition	Samenstelling
Créer	Creëren
Dépeindre	Portretteren
Expression	Uitdrukking
Figure	Figuur
Honnête	Eerlijk
Humeur	Humeur
Inspiré	Geïnspireerd
Original	Origineel
Peintures	Schilderijen
Personnel	Persoonlijk
Poésie	Poëzie
Sculpture	Beeldhouwwerk
Simple	Eenvoudig
Sujet	Onderwerp
Surréalisme	Surrealisme
Symbole	Symbool
Visuel	Visueel

Arts Visuels
Beeldende Kunsten

Architecture	Architectuur
Argile	Klei
Artiste	Artiest
Céramique	Keramiek
Chef-D'Œuvre	Meesterwerk
Chevalet	Ezel
Cire	Was
Composition	Samenstelling
Craie	Krijt
Crayon	Potlood
Créativité	Creativiteit
Film	Film
Peinture	Schilderij
Perspective	Perspectief
Pochoir	Stencil
Portrait	Portret
Poterie	Aardewerk
Sculpture	Beeldhouwwerk
Stylo	Pen
Vernis	Vernis

Astronomie
Astronomie

Astéroïde	Asteroïde
Astronaute	Astronaut
Astronome	Astronoom
Ciel	Hemel
Constellation	Sterrenbeeld
Cosmos	Kosmos
Éclipse	Verduistering
Équinoxe	Equinox
Fusée	Raket
Lune	Maan
Météore	Meteoor
Nébuleuse	Nevel
Observatoire	Observatorium
Planète	Planeet
Radiation	Straling
Satellite	Satelliet
Solaire	Zonne
Supernova	Supernova
Terre	Aarde
Univers	Universum

Aventure
Avontuur

Activité	Activiteit
Beauté	Schoonheid
Bravoure	Moed
Chance	Kans
Dangereux	Gevaarlijk
Destination	Bestemming
Défis	Uitdagingen
Difficulté	Moeilijkheid
Enthousiasme	Enthousiasme
Excursion	Excursie
Inhabituel	Ongewoon
Itinéraire	Reisplan
Joie	Vreugde
Nature	Natuur
Navigation	Navigatie
Nouveau	Nieuw
Préparation	Voorbereiding
Sécurité	Veiligheid
Surprenant	Verrassend
Voyages	Reizen

Avions
Vliegtuigen

Air	Lucht
Atmosphère	Atmosfeer
Atterrissage	Landen
Aventure	Avontuur
Ballon	Ballon
Carburant	Brandstof
Ciel	Hemel
Construction	Bouw
Descente	Afdaling
Direction	Richting
Équipage	Bemanning
Gonfler	Opblazen
Hauteur	Hoogte
Hélices	Propellers
Histoire	Geschiedenis
Hydrogène	Waterstof
Moteur	Motor
Passager	Passagier
Pilote	Piloot
Turbulence	Turbulentie

Ballet
Ballet

Applaudissement	Applaus
Artistique	Artistiek
Ballerine	Ballerina
Chorégraphie	Choreografie
Compétence	Vaardigheid
Compositeur	Componist
Danseurs	Dansers
Expressif	Expressief
Geste	Gebaar
Gracieux	Sierlijk
Intensité	Intensiteit
Muscles	Spieren
Musique	Muziek
Orchestre	Orkest
Public	Publiek
Répétition	Repetitie
Rythme	Ritme
Solo	Solo
Style	Stijl
Technique	Techniek

Barbecues
Barbecues

Chaud	Heet
Couteaux	Messen
Déjeuner	Lunch
Dîner	Diner
Enfants	Kinderen
Été	Zomer
Faim	Honger
Famille	Familie
Fruit	Fruit
Gril	Grill
Jeux	Games
Légumes	Groente
Musique	Muziek
Oignons	Uien
Poivre	Peper
Poulet	Kip
Salades	Salades
Sauce	Saus
Sel	Zout
Tomates	Tomaten

Bateaux
Boten

Ancre	Anker
Bouée	Boei
Canoë	Kano
Corde	Touw
Équipage	Bemanning
Ferry	Veerboot
Fleuve	Rivier
Kayak	Kajak
Lac	Meer
Marée	Tij
Marin	Matroos
Mât	Mast
Mer	Zee
Moteur	Motor
Nautique	Nautisch
Océan	Oceaan
Radeau	Vlot
Vagues	Golven
Voilier	Zeilboot
Yacht	Jacht

Bâtiments
Gebouwen

Ambassade	Ambassade
Appartement	Appartement
Cabine	Cabine
Château	Kasteel
Cinéma	Bioscoop
École	School
Garage	Garage
Grange	Schuur
Hôpital	Ziekenhuis
Hôtel	Hotel
Laboratoire	Laboratorium
Musée	Museum
Observatoire	Observatorium
Stade	Stadion
Supermarché	Supermarkt
Tente	Tent
Théâtre	Theater
Tour	Toren
Université	Universiteit
Usine	Fabriek

Camping
Camping

Animaux	Dieren
Aventure	Avontuur
Boussole	Kompas
Cabine	Cabine
Canoë	Kano
Carte	Kaart
Chapeau	Hoed
Chasse	Jacht
Corde	Touw
Équipement	Apparatuur
Feu	Brand
Forêt	Bos
Hamac	Hangmat
Insecte	Insect
Lac	Meer
Lanterne	Lantaarn
Lune	Maan
Montagne	Berg
Nature	Natuur
Tente	Tent

Championnat
Kampioenschap

Champion	Kampioen
Championnat	Kampioenschap
Entraîneur	Trainer
Équipe	Team
Finaliste	Finalist
Jeux	Games
Juge	Rechter
Ligue	Liga
Médaille	Medaille
Motivation	Motivatie
Performance	Prestatie
Respirer	Ademen
Sports	Sport
Stratégie	Strategie
Tournoi	Toernooi
Transpiration	Transpiratie
Victoire	Zege

Chats
Katten

Chasseur	Jager
Curieux	Nieuwsgierig
Dormir	Slaap
Drôle	Grappig
Espiègle	Speels
Fil	Garen
Fou	Gek
Fourrure	Bont
Griffe	Klauw
Indépendant	Onafhankelijk
Patte	Poot
Peu	Klein
Queue	Staart
Rapide	Snel
Sauvage	Wild
Souris	Muis
Timide	Verlegen

Châteaux
Kastelen

Armure	Harnas
Bouclier	Schild
Catapulte	Katapult
Cheval	Paard
Chevalier	Ridder
Couronne	Kroon
Dragon	Draak
Dynastie	Dynastie
Empire	Rijk
Épée	Zwaard
Féodal	Feodaal
Forteresse	Fort
Licorne	Eenhoorn
Mur	Muur
Noble	Edele
Palais	Paleis
Prince	Prins
Princesse	Prinses
Royaume	Koninkrijk
Tour	Toren

Chocolat
Chocolade

Amer	Bitter
Antioxydant	Antioxidant
Arôme	Aroma
Artisanal	Artisanaal
Bonbon	Snoep
Cacahuètes	Pinda'S
Cacao	Cacao
Calories	Calorieën
Caramel	Karamel
Délicieux	Heerlijk
Doux	Zoet
Exotique	Exotisch
Favori	Favoriet
Goût	Smaak
Ingrédient	Ingrediënt
Noix de Coco	Kokosnoot
Poudre	Poeder
Qualité	Kwaliteit
Recette	Recept
Sucre	Sulker

Cirque
Circus

Acrobate	Acrobaat
Animaux	Dieren
Ballons	Ballonnen
Billet	Kaartje
Clown	Clown
Costume	Kostuum
Divertir	Vermaken
Éléphant	Olifant
Jongleur	Jongleur
Lion	Leeuw
Magicien	Goochelaar
Magie	Magie
Montrer	Laat
Musique	Muziek
Parade	Parade
Singe	Aap
Spectaculaire	Spectaculair
Spectateur	Toeschouwer
Tente	Tent
Tigre	Tijger

Comédie
Komedie

Acteur	Acteur
Actrice	Actrice
Amusement	Plezier
Applaudissement	Applaus
Blagues	Grappen
Clowns	Clowns
Drôle	Grappig
Expressif	Expressief
Genre	Genre
Humour	Humor
Improvisation	Improvisatie
Intelligent	Slim
Parodie	Parodie
Public	Publiek
Rire	Gelach
Télévision	Televisie
Théâtre	Theater

Conduite
Rijden

Accident	Ongeluk
Camion	Vrachtauto
Carburant	Brandstof
Carte	Kaart
Danger	Gevaar
Freins	Remmen
Garage	Garage
Gaz	Gas
Licence	Licentie
Moteur	Motor
Moto	Motorfiets
Piéton	Voetganger
Police	Politie
Route	Weg
Sécurité	Veiligheid
Trafic	Verkeer
Transport	Vervoer
Tunnel	Tunnel
Vitesse	Snelheid
Voiture	Auto

Conservation
Behoud

Bénévole	Vrijwilliger
Changements	Veranderingen
Climat	Klimaat
Cycle	Fiets
Durable	Duurzaam
Eau	Water
Environnemental	Milieu
Écosystème	Ecosysteem
Éducation	Onderwijs
Habitat	Habitat
Naturel	Natuurlijk
Organique	Organisch
Pesticide	Pesticide
Pollution	Vervuiling
Recycler	Recycleren
Réduire	Verminderen
Santé	Gezondheid
Vert	Groen

Corps Humain
Menselijk Lichaam

Bouche	Mond
Cerveau	Hersenen
Cheville	Enkel
Cou	Nek
Coude	Elleboog
Cœur	Hart
Doigt	Vinger
Estomac	Maag
Épaule	Schouder
Genou	Knie
Lèvres	Lippen
Main	Hand
Mâchoire	Kaak
Menton	Kin
Nez	Neus
Oreille	Oor
Peau	Huid
Sang	Bloed
Tête	Hoofd
Visage	Gezicht

Couleurs
Kleuren

Azur	Azuur
Beige	Beige
Blanc	Wit
Bleu	Blauw
Cyan	Cyaan
Fuchsia	Fuchsia
Gris	Grijs
Indigo	Indigo
Jaune	Geel
Magenta	Magenta
Marron	Bruin
Noir	Zwart
Orange	Oranje
Rose	Roze
Rouge	Rood
Sépia	Sepia
Vert	Groen
Violet	Paars

Cuisine
Keuken

Baguettes	Eetstokjes
Bol	Kom
Bouilloire	Ketel
Congélateur	Vriezer
Couteaux	Messen
Cruche	Kruik
Cuillères	Lepels
Épices	Specerijen
Éponge	Spons
Four	Oven
Fourchettes	Vorken
Gril	Grill
Louche	Pollepel
Nourriture	Voedsel
Pot	Pot
Recette	Recept
Réfrigérateur	Koelkast
Serviette	Servet
Tablier	Schort
Tasses	Cup

Danse
Dans

Académie	Academie
Art	Kunst
Chorégraphie	Choreografie
Classique	Klassiek
Corps	Lichaam
Culture	Cultuur
Culturel	Cultureel
Expressif	Expressief
Émotion	Emotie
Grâce	Genade
Joyeux	Blij
Mouvement	Beweging
Musique	Muziek
Partenaire	Partner
Posture	Houding
Répétition	Repetitie
Rythme	Ritme
Saut	Springen
Traditionnel	Traditioneel
Visuel	Visueel

Dinosaures
Dinosaurussen

Ailes	Vleugels
Carnivore	Carnivoor
Disparition	Verdwijning
Espèce	Soort
Énorme	Enorm
Évolution	Evolutie
Fossiles	Fossielen
Grand	Groot
Herbivore	Herbivoor
Mammouth	Mammoet
Omnivore	Omnivoor
Préhistorique	Prehistorisch
Proie	Prooi
Puissant	Krachtig
Queue	Staart
Rapace	Roofvogel
Reptile	Reptiel
Taille	Grootte
Terre	Aarde
Vicieux	Vicieuze

Disciplines Scientifiques
Wetenschappelijke Discip

Anatomie	Anatomie
Archéologie	Archeologie
Astronomie	Astronomie
Biochimie	Biochemie
Biologie	Biologie
Botanique	Plantkunde
Chimie	Chemie
Écologie	Ecologie
Géologie	Geologie
Immunologie	Immunologie
Linguistique	Taalkunde
Mécanique	Mechanica
Météorologie	Meteorologie
Minéralogie	Mineralogie
Neurologie	Neurologie
Physiologie	Fysiologie
Psychologie	Psychologie
Robotique	Robotica
Sociologie	Sociologie
Zoologie	Zoölogie

Eau
Water

Canal	Kanaal
Douche	Douche
Évaporation	Verdamping
Fleuve	Rivier
Gel	Vorst
Geyser	Geiser
Glace	Ijs
Humide	Vochtig
Humidité	Vochtigheid
Inondation	Overstroming
Irrigation	Irrigatie
Lac	Meer
Mousson	Moesson
Neige	Sneeuw
Océan	Oceaan
Ouragan	Orkaan
Pluie	Regen
Potable	Drinkbaar
Vagues	Golven
Vapeur	Stoom

Escalade
Klimmen

Altitude	Hoogte
Atmosphère	Atmosfeer
Blessure	Letsel
Bottes	Laarzen
Carte	Kaart
Casque	Helm
Défis	Uitdagingen
Expert	Deskundige
Étroit	Smal
Force	Kracht
Formation	Opleiding
Gants	Handschoenen
Grotte	Grot
Guides	Gidsen
Physique	Fysiek
Randonnée	Wandelen
Stabilité	Stabiliteit
Terrain	Terrein

Exploration
Exploratie

Activité	Activiteit
Animaux	Dieren
Apprendre	Leren
Courage	Moed
Cultures	Culturen
Dangers	Gevaren
Découverte	Ontdekking
Détermination	Bepaling
Espace	Ruimte
Excitation	Opwinding
Épuisement	Uitputting
Inconnu	Onbekend
Langue	Taal
Lointain	Ver
Nouveau	Nieuw
Périlleux	Gevaarlijk
Sauvage	Wild
Terrain	Terrein
Voyage	Reis

Échecs
Schaken

Adversaire	Tegenstander
Apprendre	Leren
Blanc	Wit
Champion	Kampioen
Concours	Wedstrijd
Défis	Uitdagingen
Diagonal	Diagonaal
Intelligent	Slim
Jeu	Spel
Joueur	Speler
Noir	Zwart
Passif	Passief
Points	Punten
Reine	Koningin
Règles	Reglement
Roi	Koning
Sacrifice	Offer
Stratégie	Strategie
Temps	Tijd
Tournoi	Toernooi

École #1
School #1

Alphabet	Alfabet
Amis	Vrienden
Amusement	Plezier
Apprendre	Leren
Bibliothèque	Bibliotheek
Bureau	Bureau
Chaise	Stoel
Crayon	Potlood
Déjeuner	Lunch
Dossiers	Mappen
Enseignant	Leraar
Examens	Examens
Livres	Boeken
Marqueurs	Markeringen
Math	Wiskunde
Nombres	Cijfers
Papier	Papier
Quiz	Quiz
Réponses	Antwoorden
Salle de Classe	Klaslokaal

École #2
School #2

Activités	Activiteiten
Apprentissage	Leren
Bibliothèque	Bibliotheek
Bus	Bus
Calendrier	Kalender
Ciseaux	Schaar
Crayon	Potlood
Devoirs	Huiswerk
Dictionnaire	Woordenboek
Enseignant	Leraar
Écriture	Schrift
Éducation	Onderwijs
Grammaire	Grammatica
Jeux	Games
Lecture	Lezen
Littérature	Literatuur
Livres	Boeken
Ordinateur	Computer
Papier	Papier
Science	Wetenschap

Écologie
Ecologie

Bénévoles	Vrijwilligers
Climat	Klimaat
Diversité	Diversiteit
Durable	Duurzaam
Espèce	Soort
Faune	Fauna
Flore	Flora
Global	Globaal
Habitat	Habitat
Marais	Moeras
Marin	Marinier
Montagnes	Bergen
Nature	Natuur
Naturel	Natuurlijk
Plantes	Planten
Sécheresse	Droogte
Survie	Overleving
Variété	Variëteit
Végétation	Vegetatie

Émotions
Emoties

Amour	Liefde
Calme	Kalm
Colère	Woede
Contenu	Inhoud
Détendu	Ontspannen
Embarrassé	Beschaamd
Ennui	Verveling
Excité	Opgewonden
Joie	Vreugde
Paix	Vrede
Peur	Angst
Reconnaissant	Dankbaar
Relief	Opluchting
Satisfait	Tevreden
Surprise	Verrassing
Sympathie	Sympathie
Tendresse	Tederheid
Tranquillité	Rust
Tristesse	Droefheid

Épices
Specerijen

Aigre	Zuur
Ail	Knoflook
Amer	Bitter
Anis	Anijs
Cannelle	Kaneel
Cardamome	Kardemom
Coriandre	Koriander
Cumin	Komijn
Curry	Kerrie
Fenouil	Venkel
Gingembre	Gember
Muscade	Nootmuskaat
Oignon	Ui
Paprika	Paprika
Poivre	Peper
Réglisse	Drop
Safran	Saffraan
Saveur	Smaak
Sel	Zout
Vanille	Vanille

Été
Zomer

Amis	Vrienden
Camping	Kamperen
Étoiles	Sterren
Famille	Familie
Jardin	Tuin
Jeux	Games
Joie	Vreugde
Livres	Boeken
Loisir	Vrije Tijd
Mer	Zee
Musique	Muziek
Nager	Zwemmen
Nourriture	Voedsel
Plage	Strand
Plongée	Duiken
Relaxation	Ontspanning
Sandales	Sandalen
Vacances	Vakantie
Voyage	Reis

Famille
Familie

Ancêtre	Voorouder
Enfance	Jeugd
Enfant	Kind
Enfants	Kinderen
Femme	Vrouw
Fille	Dochter
Frère	Broer
Grand-Mère	Grootmoeder
Grand-Père	Opa
Jumeaux	Tweeling
Mari	Man
Mère	Moeder
Neveu	Neef
Nièce	Nicht
Oncle	Oom
Paternel	Vaderlijk
Petit-Fils	Kleinzoon
Père	Vader
Soeur	Zus
Tante	Tante

Ferme #1
Boerderij #1

Abeille	Bij
Agriculture	Landbouw
Âne	Ezel
Bison	Bizon
Champ	Veld
Chat	Kat
Cheval	Paard
Chèvre	Geit
Chien	Hond
Clôture	Hek
Corbeau	Kraai
Eau	Water
Engrais	Mest
Foin	Hooi
Miel	Honing
Poulet	Kip
Riz	Rijst
Troupeau	Kudde
Vache	Koe
Veau	Kalf

Ferme #2
Boerderij #2

Agneau	Lam
Agriculteur	Boer
Animaux	Dieren
Berger	Herder
Blé	Tarwe
Canard	Eend
Fruit	Fruit
Grange	Schuur
Irrigation	Irrigatie
Lait	Melk
Lama	Lama
Légume	Groente
Maïs	Maïs
Mouton	Schaap
Nourriture	Voedsel
Orge	Gerst
Pré	Weide
Ruche	Bijenkorf
Tracteur	Tractor
Verger	Boomgaard

Fleurs
Bloemen

Bouquet	Boeket
Gardénia	Gardenia
Hibiscus	Hibiscus
Jasmin	Jasmijn
Jonquille	Narcis
Lavande	Lavendel
Lilas	Lila
Lys	Lelie
Magnolia	Magnolia
Marguerite	Madeliefje
Orchidée	Orchidee
Passiflore	Passiebloem
Pavot	Papaver
Pétale	Bloemblad
Pissenlit	Paardebloem
Pivoine	Pioenroos
Rose	Roos
Tournesol	Zonnebloem
Trèfle	Klaver
Tulipe	Tulp

Forêt Tropicale
Regenwoud

Amphibiens	Amfibieën
Botanique	Botanisch
Climat	Klimaat
Communauté	Gemeenschap
Diversité	Diversiteit
Espèce	Soort
Indigène	Inheems
Insectes	Insecten
Jungle	Jungle
Mammifères	Zoogdieren
Mousse	Mos
Nature	Natuur
Nuage	Wolken
Oiseaux	Vogels
Précieux	Waardevol
Préservation	Behoud
Refuge	Toevlucht
Respect	Respect
Restauration	Restauratie
Survie	Overleving

Formes
Vormen

Arc	Boog
Bords	Randen
Carré	Vierkant
Cercle	Cirkel
Coin	Hoek
Courbe	Curve
Cône	Kegel
Côté	Kant
Cube	Kubus
Cylindre	Cilinder
Hyperbole	Hyperbool
Ligne	Lijn
Ovale	Ovaal
Polygone	Veelhoek
Prisme	Prisma
Pyramide	Piramide
Rectangle	Rechthoek
Rond	Ronde
Sphère	Bol
Triangle	Driehoek

Fournitures d'Art
Kunstbenodigdheden

Acrylique	Acryl
Aquarelles	Aquarellen
Argile	Klei
Brosses	Borstels
Caméra	Camera
Chaise	Stoel
Charbon	Houtskool
Chevalet	Ezel
Colle	Lijm
Couleurs	Kleuren
Crayons	Potloden
Créativité	Creativiteit
Eau	Water
Encre	Inkt
Gomme	Gom
Huile	Olie
Idées	Ideeën
Papier	Papier
Pastels	Pastel
Table	Tafel

Fruit
Fruit

Abricot	Abrikoos
Ananas	Ananas
Avocat	Avocado
Baie	Bes
Banane	Banaan
Cerise	Kers
Citron	Citroen
Figue	Vijg
Framboise	Framboos
Goyave	Guave
Kiwi	Kiwi
Mangue	Mango
Melon	Meloen
Nectarine	Nectarine
Orange	Oranje
Papaye	Papaja
Pêche	Perzik
Poire	Peer
Pomme	Appel
Raisin	Druif

Géographie
Geografie

Altitude	Hoogte
Atlas	Atlas
Carte	Kaart
Continent	Continent
Fleuve	Rivier
Hémisphère	Halfrond
Île	Eiland
Latitude	Breedtegraad
Mer	Zee
Méridien	Meridiaan
Monde	Wereld
Montagne	Berg
Nord	Noorden
Océan	Oceaan
Ouest	Westen
Pays	Land
Région	Regio
Sud	Zuiden
Territoire	Grondgebied
Ville	Stad

Géologie
Geologie

Acide	Zuur
Calcium	Calcium
Caverne	Grot
Continent	Continent
Corail	Koraal
Couche	Laag
Cristaux	Kristallen
Érosion	Erosie
Fondu	Gesmolten
Fossile	Fossiel
Geyser	Geiser
Lave	Lava
Minéraux	Mineralen
Pierre	Steen
Plateau	Plateau
Quartz	Kwarts
Sel	Zout
Stalactite	Stalactiet
Volcan	Vulkaan
Zone	Zone

Herboristerie
Herbalisme

Ail	Knoflook
Aromatique	Aromatisch
Basilic	Basilicum
Bénéfique	Voordelig
Culinaire	Culinair
Estragon	Dragon
Fenouil	Venkel
Fleur	Bloem
Ingrédient	Ingrediënt
Jardin	Tuin
Lavande	Lavendel
Marjolaine	Marjolein
Menthe	Munt
Persil	Peterselie
Qualité	Kwaliteit
Romarin	Rozemarijn
Safran	Saffraan
Saveur	Smaak
Thym	Tijm
Vert	Groen

Insectes
Insecten

Abeille	Bij
Cafard	Kakkerlak
Cigale	Cicade
Fourmi	Mier
Frelon	Horzel
Guêpe	Wesp
Larve	Larve
Libellule	Libel
Mante	Bidsprinkhaan
Moustique	Mug
Papillon	Vlinder
Puce	Vlo
Puceron	Bladluis
Sauterelle	Sprinkhaan
Scarabée	Kever
Termite	Termiet
Ver	Worm

Instruments de Musique
Muziekinstrumenten

Banjo	Banjo
Basson	Fagot
Clarinette	Klarinet
Flûte	Fluit
Gong	Gong
Guitare	Gitaar
Harmonica	Mondharmonica
Harpe	Harp
Hautbois	Hobo
Mandoline	Mandoline
Marimba	Marimba
Percussion	Percussie
Piano	Piano
Saxophone	Saxofoon
Tambour	Trommel
Tambourin	Tamboerijn
Trombone	Trombone
Trompette	Trompet
Violon	Viool
Violoncelle	Cello

Jardin
Tuin

Arbre	Boom
Banc	Bank
Buisson	Struik
Clôture	Hek
Étang	Vijver
Fleur	Bloem
Garage	Garage
Hamac	Hangmat
Herbe	Gras
Jardin	Tuin
Mauvaises Herbes	Onkruid
Pelle	Schop
Pelouse	Gazon
Râteau	Hark
Sol	Bodem
Terrasse	Terras
Trampoline	Trampoline
Tuyau	Slang
Verger	Boomgaard
Vigne	Wijnstok

Jouets
Speelgoed

Argile	Klei
Artisanat	Ambachten
Avion	Vliegtuig
Balle	Bal
Bateau	Boot
Camion	Vrachtauto
Cerf-Volant	Vlieger
Échecs	Schaak
Favori	Favoriet
Imagination	Verbeelding
Jeux	Games
Livres	Boeken
Peinture	Verf
Poupée	Pop
Puzzle	Puzzel
Robot	Robot
Tambours	Drums
Train	Trein
Vélo	Fiets
Voiture	Auto

Jours et Mois
Dagen en Maanden

Août	Augustus
Avril	April
Calendrier	Kalender
Dimanche	Zondag
Février	Februari
Janvier	Januari
Jeudi	Donderdag
Juillet	Juli
Juin	Juni
Lundi	Maandag
Mardi	Dinsdag
Mars	Maart
Mercredi	Woensdag
Mois	Maand
Novembre	November
Octobre	Oktober
Samedi	Zaterdag
Semaine	Week
Septembre	September
Vendredi	Vrijdag

Les Abeilles
Bijen

Ailes	Vleugels
Bénéfique	Voordelig
Cire	Was
Diversité	Diversiteit
Essaim	Zwerm
Écosystème	Ecosysteem
Fleur	Bloesem
Fleurs	Bloemen
Fruit	Fruit
Fumée	Rook
Habitat	Habitat
Insecte	Insect
Jardin	Tuin
Miel	Honing
Nourriture	Voedsel
Plantes	Planten
Pollen	Stuifmeel
Reine	Koningin
Ruche	Bijenkorf
Soleil	Zon

Légumes
Groenten

Ail	Knoflook
Artichaut	Artisjok
Aubergine	Aubergine
Brocoli	Broccoli
Carotte	Wortel
Céleri	Selderij
Champignon	Paddestoel
Citrouille	Pompoen
Concombre	Komkommer
Échalote	Sjalot
Épinard	Spinazie
Gingembre	Gember
Navet	Raap
Oignon	Ui
Olive	Olijf
Persil	Peterselie
Pois	Erwt
Radis	Radijs
Salade	Salade
Tomate	Tomaat

Littérature
Literatuur

Analogie	Analogie
Analyse	Analyse
Anecdote	Anekdote
Auteur	Auteur
Biographie	Biografie
Comparaison	Vergelijking
Conclusion	Conclusie
Description	Omschrijving
Dialogue	Dialoog
Fiction	Fictie
Métaphore	Metafoor
Narrateur	Verteller
Poème	Gedicht
Poétique	Poëtisch
Rime	Rijm
Roman	Roman
Rythme	Ritme
Style	Stijl
Thème	Thema
Tragédie	Tragedie

Livres
Boeken

Auteur	Auteur
Aventure	Avontuur
Collection	Collectie
Contexte	Context
Dualité	Dualiteit
Épique	Episch
Histoire	Verhaal
Historique	Historisch
Humoristique	Humoristisch
Inventif	Inventief
Lecteur	Lezer
Littéraire	Literair
Narrateur	Verteller
Page	Bladzijde
Pertinent	Relevant
Poème	Gedicht
Poésie	Poëzie
Roman	Roman
Série	Serie
Tragique	Tragisch

Maison
Huis

Balai	Bezem
Bibliothèque	Bibliotheek
Chambre	Kamer
Cheminée	Haard
Clés	Sleutels
Clôture	Hek
Cuisine	Keuken
Douche	Douche
Fenêtre	Raam
Garage	Garage
Grenier	Zolder
Jardin	Tuin
Lampe	Lamp
Miroir	Spiegel
Mur	Muur
Plafond	Plafond
Porte	Deur
Rideaux	Gordijnen
Tapis	Tapijt
Toit	Dak

Mammifères
Zoogdieren

Baleine	Walvis
Chat	Kat
Cheval	Paard
Chien	Hond
Coyote	Coyote
Dauphin	Dolfijn
Éléphant	Olifant
Girafe	Giraf
Gorille	Gorilla
Kangourou	Kangoeroe
Lapin	Konijn
Lion	Leeuw
Loup	Wolf
Mouton	Schaap
Ours	Beer
Renard	Vos
Singe	Aap
Taureau	Stier
Tigre	Tijger
Zèbre	Zebra

Mathématiques
Wiskunde

Angles	Hoeken
Arithmétique	Rekenkundig
Carré	Vierkant
Circonférence	Omtrek
Décimal	Decimaal
Diamètre	Diameter
Exposant	Exponent
Équation	Vergelijking
Fraction	Fractie
Géométrie	Geometrie
Parallèle	Parallel
Perpendiculaire	Loodrecht
Polygone	Veelhoek
Rayon	Straal
Rectangle	Rechthoek
Somme	Som
Sphère	Bol
Symétrie	Symmetrie
Triangle	Driehoek
Volume	Volume

Mesures
Metingen

Centimètre	Centimeter
Degré	Graad
Décimal	Decimaal
Gramme	Gram
Hauteur	Hoogte
Kilogramme	Kilogram
Kilomètre	Kilometer
Largeur	Breedte
Litre	Liter
Longueur	Lengte
Masse	Massa
Mètre	Meter
Minute	Minuut
Octet	Byte
Once	Ons
Poids	Gewicht
Pouce	Inch
Profondeur	Diepte
Tonne	Ton
Volume	Volume

Meubles
Meubels

Banc	Bank
Bibliothèque	Boekenkast
Bureau	Bureau
Chaise	Stoel
Commode	Dressoir
Coussins	Kussens
Étagères	Planken
Fauteuil	Fauteuil
Futon	Futon
Hamac	Hangmat
Lampe	Lamp
Lit	Bed
Matelas	Matras
Miroir	Spiegel
Oreiller	Kussen
Rideaux	Gordijnen
Tapis	Tapijt

Méditation
Meditatie

Acceptation	Aanvaarding
Attention	Aandacht
Calme	Kalm
Clarté	Helderheid
Compassion	Mededogen
Esprit	Geest
Émotions	Emoties
Éveillé	Wakker
Gratitude	Dankbaarheid
Mental	Mentaal
Mouvement	Beweging
Musique	Muziek
Nature	Natuur
Observation	Observatie
Paix	Vrede
Pensées	Gedachten
Perspective	Perspectief
Posture	Houding
Respiration	Ademhaling
Silence	Stilte

Météo
Weersomstandigheden

Arc-En-Ciel	Regenboog
Atmosphère	Atmosfeer
Brise	Bries
Brouillard	Mist
Calme	Kalm
Ciel	Hemel
Climat	Klimaat
Glace	Ijs
Mousson	Moesson
Nuage	Wolk
Ouragan	Orkaan
Polaire	Polair
Sec	Droog
Sécheresse	Droogte
Température	Temperatuur
Tempête	Storm
Tonnerre	Donder
Tornade	Tornado
Tropical	Tropisch
Vent	Wind

Mythologie
Mythologie

Archétype	Archetype
Catastrophe	Ramp
Comportement	Gedrag
Création	Creatie
Créature	Wezen
Croyances	Overtuigingen
Culture	Cultuur
Éclair	Bliksem
Force	Kracht
Guerrier	Krijger
Héroïne	Heldin
Héros	Held
Jalousie	Jaloezie
Labyrinthe	Doolhof
Légende	Legende
Magique	Magisch
Monstre	Monster
Mortel	Sterfelijk
Tonnerre	Donder
Vengeance	Wraak

Nature
Natuur

Abeilles	Bijen
Abri	Schuilplaats
Animaux	Dieren
Arctique	Arctisch
Beauté	Schoonheid
Brouillard	Mist
Désert	Woestijn
Dynamique	Dynamisch
Érosion	Erosie
Feuillage	Gebladerte
Fleuve	Rivier
Forêt	Bos
Glacier	Gletsjer
Nuage	Wolken
Paisible	Rustig
Sanctuaire	Heiligdom
Sauvage	Wild
Serein	Sereen
Tropical	Tropisch
Vital	Vitaal

Nombres
Getallen

Cinq	Vijf
Deux	Twee
Décimal	Decimaal
Dix	Tien
Dix-Huit	Achttien
Dix-Neuf	Negentien
Dix-Sept	Zeventien
Douze	Twaalf
Huit	Acht
Neuf	Negen
Quatorze	Veertien
Quatre	Vier
Quinze	Vijftien
Seize	Zestien
Sept	Zeven
Six	Zes
Treize	Dertien
Trois	Drie
Vingt	Twintig
Zéro	Nul

Nourriture #1
Eten #1

Ail	Knoflook
Basilic	Basilicum
Café	Koffie
Cannelle	Kaneel
Carotte	Wortel
Citron	Citroen
Épinard	Spinazie
Fraise	Aardbei
Jus	Sap
Lait	Melk
Navet	Raap
Oignon	Ui
Orge	Gerst
Poire	Peer
Salade	Salade
Sel	Zout
Soupe	Soep
Sucre	Suiker
Thon	Tonijn
Viande	Vlees

Nourriture #2
Eten #2

Amande	Amandel
Aubergine	Aubergine
Banane	Banaan
Blé	Tarwe
Brocoli	Broccoli
Cerise	Kers
Céleri	Selderij
Champignon	Paddestoel
Chocolat	Chocolade
Jambon	Ham
Kiwi	Kiwi
Mangue	Mango
Oeuf	Ei
Pain	Brood
Poisson	Vis
Pomme	Appel
Poulet	Kip
Raisin	Druif
Riz	Rijst
Tomate	Tomaat

Nutrition
Voeding

Amer	Bitter
Appétit	Eetlust
Calories	Calorieën
Comestible	Eetbaar
Diète	Dieet
Épices	Specerijen
Équilibré	Evenwichtig
Fermentation	Fermentatie
Glucides	Koolhydraten
Ingrédients	Ingrediënten
Liquides	Vloeistoffen
Poids	Gewicht
Protéines	Eiwitten
Qualité	Kwaliteit
Sain	Gezond
Santé	Gezondheid
Sauce	Saus
Saveur	Smaak
Toxine	Toxine
Vitamine	Vitamine

Océan
Oceaan

Anguille	Aal
Baleine	Walvis
Bateau	Boot
Corail	Koraal
Crabe	Krab
Crevette	Garnaal
Dauphin	Dolfijn
Éponge	Spons
Huître	Oester
Marées	Getijden
Méduse	Kwal
Poisson	Vis
Poulpe	Octopus
Requin	Haai
Récif	Rif
Sel	Zout
Tempête	Storm
Thon	Tonijn
Tortue	Schildpad
Vagues	Golven

Oiseaux
Vogels

Aigle	Adelaar
Autruche	Struisvogel
Canard	Eend
Cigogne	Ooievaar
Colombe	Duif
Corbeau	Kraai
Coucou	Koekoek
Cygne	Zwaan
Flamant	Flamingo
Héron	Reiger
Manchot	Pinguïn
Moineau	Mus
Mouette	Meeuw
Oeuf	Ei
Oie	Gans
Paon	Pauw
Perroquet	Papegaai
Pélican	Pelikaan
Poulet	Kip
Toucan	Toekan

Pays #2
Landen #2

Albanie	Albani
Chine	China
Danemark	Denemarken
France	Frankrijk
Haïti	Haïti
Indonésie	Indonesië
Irlande	Ierland
Jamaïque	Jamaica
Japon	Japan
Kenya	Kenia
Laos	Laos
Liban	Libanon
Mexique	Mexico
Ouganda	Oeganda
Pakistan	Pakistan
Russie	Rusland
Somalie	Somalië
Soudan	Soedan
Syrie	Syrië
Ukraine	Oekraïne

Paysages
Landschappen

Cascade	Waterval
Colline	Heuvel
Désert	Woestijn
Estuaire	Estuarium
Fleuve	Rivier
Geyser	Geiser
Glacier	Gletsjer
Grotte	Grot
Iceberg	IJsberg
Île	Eiland
Lac	Meer
Marais	Moeras
Mer	Zee
Montagne	Berg
Oasis	Oase
Péninsule	Schiereiland
Plage	Strand
Toundra	Toendra
Vallée	Vallei
Volcan	Vulkaan

Pêche
Vissen

Appât	Aas
Bateau	Boot
Branchies	Kieuwen
Crochet	Haak
Cuire	Kok
Eau	Water
Exagération	Overdrijving
Équipement	Apparatuur
Fil	Draad
Fleuve	Rivier
Lac	Meer
Mâchoire	Kaak
Océan	Oceaan
Panier	Mand
Patience	Geduld
Plage	Strand
Poids	Gewicht
Saison	Seizoen

Pirates
Piraten

Ancre	Anker
Aventure	Avontuur
Capitaine	Kapitein
Carte	Kaart
Cicatrice	Litteken
Danger	Gevaar
Drapeau	Vlag
Épée	Zwaard
Équipage	Bemanning
Grotte	Grot
Île	Eiland
Légende	Legende
Mauvais	Slecht
Océan	Oceaan
Or	Goud
Perroquet	Papegaai
Pièces	Munten
Plage	Strand
Rhum	Rum
Trésor	Schat

Plage
Strand

Bateau	Boot
Bleu	Blauw
Coquilles	Schelpen
Côte	Kust
Crabe	Krab
Dock	Dok
Île	Eiland
Lagune	Lagune
Mer	Zee
Nager	Zwemmen
Océan	Oceaan
Parapluie	Paraplu
Récif	Rif
Sable	Zand
Sandales	Sandalen
Serviette	Handdoek
Soleil	Zon
Vacances	Vakantie
Voilier	Zeilboot

Plantes
Installaties

Arbre	Boom
Baie	Bes
Bambou	Bamboe
Botanique	Plantkunde
Buisson	Struik
Cactus	Cactus
Engrais	Mest
Feuillage	Gebladerte
Fleur	Bloem
Flore	Flora
Forêt	Bos
Grandir	Groeien
Haricot	Boon
Herbe	Gras
Jardin	Tuin
Lierre	Klimop
Mousse	Mos
Pétale	Bloemblad
Racine	Wortel
Végétation	Vegetatie

Professions #1
Beroepen #1

Ambassadeur	Ambassadeur
Astronome	Astronoom
Avocat	Advocaat
Banquier	Bankier
Bijoutier	Juwelier
Cartographe	Cartograaf
Chasseur	Jager
Danseur	Danser
Entraîneur	Trainer
Éditeur	Editor
Géologue	Geoloog
Infirmière	Verpleegster
Médecin	Dokter
Musicien	Muzikant
Pianiste	Pianist
Plombier	Loodgieter
Pompier	Brandweerman
Psychologue	Psycholoog
Scientifique	Wetenschapper
Vétérinaire	Dierenarts

Professions #2
Beroepen #2

Astronaute	Astronaut
Biologiste	Bioloog
Chercheur	Onderzoeker
Chirurgien	Chirurg
Dentiste	Tandarts
Détective	Detective
Enseignant	Leraar
Illustrateur	Illustrator
Ingénieur	Ingenieur
Inventeur	Uitvinder
Jardinier	Tuinman
Journaliste	Journalist
Linguiste	Linguïst
Médecin	Arts
Peintre	Schilder
Philosophe	Filosoof
Photographe	Fotograaf
Pilote	Piloot
Professeur	Professor
Zoologiste	Zoöloog

Randonnée
Wandelen

Animaux	Dieren
Bottes	Laarzen
Camping	Kamperen
Carte	Kaart
Climat	Klimaat
Eau	Water
Falaise	Klif
Fatigué	Moe
Guides	Gidsen
Lourd	Zwaar
Météo	Weer
Montagne	Berg
Nature	Natuur
Orientation	Oriëntatie
Parcs	Parken
Pierres	Stenen
Préparation	Voorbereiding
Sauvage	Wild
Soleil	Zon
Sommet	Top

Remplir
Om in te Vullen

Baril	Vat
Bassin	Bekken
Boîte	Doos
Bouteille	Fles
Caisse	Krat
Carton	Karton
Dossier	Map
Enveloppe	Envelop
Panier	Mand
Paquet	Pakje
Plateau	Dienblad
Pot	Pot
Sac	Zak
Seau	Emmer
Tiroir	Lade
Tube	Buis
Valise	Koffer
Vase	Vaas

Restaurant #1
Restaurant #1

Allergie	Allergie
Assiette	Bord
Bol	Kom
Café	Koffie
Caissier	Kassier
Couteau	Mes
Cuisine	Keuken
Dessert	Toetje
Épicé	Pittig
Ingrédients	Ingrediënten
Menu	Menu
Nourriture	Voedsel
Pain	Brood
Poulet	Kip
Réservation	Reservering
Sauce	Saus
Serveuse	Serveerster
Serviette	Servet
Viande	Vlees

Restaurant #2
Restaurant #2

Boisson	Drank
Chaise	Stoel
Cuillère	Lepel
Déjeuner	Lunch
Délicieux	Heerlijk
Dîner	Diner
Eau	Water
Épices	Specerijen
Fourchette	Vork
Fruit	Fruit
Gâteau	Cake
Glace	Ijs
Légumes	Groente
Nouilles	Noedels
Oeuf	Eieren
Poisson	Vis
Salade	Salade
Sel	Zout
Serveur	Ober
Soupe	Soep

Science
Wetenschap

Atome	Atoom
Chimique	Chemisch
Climat	Klimaat
Données	Gegevens
Expérience	Experiment
Évolution	Evolutie
Fait	Feit
Fossile	Fossiel
Gravité	Zwaartekracht
Hypothèse	Hypothese
Laboratoire	Laboratorium
Méthode	Methode
Minéraux	Mineralen
Molécules	Moleculen
Nature	Natuur
Observation	Observatie
Organisme	Organisme
Particules	Deeltjes
Physique	Natuurkunde
Scientifique	Wetenschapper

Science-Fiction
Meer Informatie

Atomique	Atoom
Cinéma	Bioscoop
Dystopie	Dystopie
Explosion	Explosie
Extrême	Extreem
Fantastique	Fantastisch
Feu	Brand
Futuriste	Futuristisch
Illusion	Illusie
Imaginaire	Denkbeeldig
Livres	Boeken
Monde	Wereld
Mystérieux	Mysterieus
Oracle	Orakel
Planète	Planeet
Réaliste	Realistisch
Robots	Robots
Scénario	Scenario
Technologie	Technologie
Utopie	Utopie

Sports
Sport

Athlète	Atleet
Base-Ball	Honkbal
Basket-Ball	Basketbal
Championnat	Kampioenschap
Entraîneur	Trainer
Équipe	Team
Gagnant	Winnaar
Golf	Golf
Gymnase	Gymnasium
Gymnastique	Gymnastiek
Hockey	Hockey
Jeu	Spel
Joueur	Speler
Mouvement	Beweging
Nager	Zwemmen
Stade	Stadion
Tennis	Tennis
Vélo	Fiets

Surf
Surfen

Amusement	Plezier
Athlète	Atleet
Champion	Kampioen
Débutant	Beginner
Estomac	Maag
Extrême	Extreem
Force	Kracht
Foules	Menigte
Météo	Weer
Mousse	Schuim
Nager	Zwemmen
Océan	Oceaan
Pagaie	Peddelen
Plage	Strand
Populaire	Populair
Récif	Rif
Style	Stijl
Vague	Golf
Vitesse	Snelheid

Technologie
Technologie

Blog	Blog
Caméra	Camera
Curseur	Cursor
Données	Gegevens
Écran	Scherm
Fichier	Bestand
Internet	Internet
Logiciel	Software
Message	Bericht
Navigateur	Browser
Numérique	Digitaal
Octets	Bytes
Ordinateur	Computer
Police	Lettertype
Recherche	Onderzoek
Sécurité	Veiligheid
Statistiques	Statistiek
Virtuel	Virtueel
Virus	Virus

Temps
Tijd

Année	Jaar
Annuel	Jaarlijks
Après	Na
Avant	Voor
Bientôt	Spoedig
Calendrier	Kalender
Décennie	Decennium
Futur	Toekomst
Heure	Uur
Hier	Gisteren
Horloge	Klok
Jour	Dag
Maintenant	Nu
Matin	Ochtend
Midi	Middag
Minute	Minuut
Mois	Maand
Nuit	Nacht
Semaine	Week
Siècle	Eeuw

Types de Cheveux
Haartypes

Argent	Zilver
Blanc	Wit
Blond	Blond
Boucles	Krullen
Brillant	Glimmend
Chauve	Kaal
Coloré	Gekleurd
Court	Kort
Doux	Zacht
Épais	Dik
Frisé	Krullend
Gris	Grijs
Long	Lang
Marron	Bruin
Mince	Dun
Noir	Zwart
Ondulé	Golvend
Sain	Gezond
Sec	Droog
Tressé	Gevlochten

Vacances #2
Vakantie #2

Aéroport	Luchthaven
Camping	Kamperen
Carte	Kaart
Destination	Bestemming
Étranger	Buitenlander
Hôtel	Hotel
Île	Eiland
Loisir	Vrije Tijd
Mer	Zee
Passeport	Paspoort
Plage	Strand
Restaurant	Restaurant
Réservations	Reserveringen
Taxi	Taxi
Tente	Tent
Train	Trein
Transport	Vervoer
Vacances	Vakantie
Visa	Visum
Voyage	Reis

Vertus #1
1 Jaar Geleden

Artistique	Artistiek
Bon	Goed
Charmant	Charmant
Confiant	Zelfverzekerd
Curieux	Nieuwsgierig
Décisif	Beslissend
Drôle	Grappig
Efficace	Efficiënt
Fiable	Betrouwbaar
Généreux	Gul
Indépendant	Onafhankelijk
Intelligent	Intelligent
Modeste	Bescheiden
Passionné	Gepassioneerd
Patient	Patiënt
Pratique	Praktisch
Propre	Schoon
Sage	Wijs
Utile	Behulpzaam

Véhicules
Voertuigen

Ambulance	Ambulance
Avion	Vliegtuig
Bateau	Boot
Bus	Bus
Camion	Vrachtauto
Caravane	Caravan
Ferry	Veerboot
Fusée	Raket
Hélicoptère	Helikopter
Métro	Metro
Moteur	Motor
Navette	Shuttle
Pneus	Banden
Radeau	Vlot
Scooter	Scooter
Sous-Marin	Onderzeeër
Taxi	Taxi
Tracteur	Tractor
Vélo	Fiets
Voiture	Auto

Vêtements
Kleding

Bracelet	Armband
Ceinture	Riem
Chapeau	Hoed
Chaussure	Schoen
Chemise	Shirt
Chemisier	Blouse
Collier	Ketting
Foulard	Sjaal
Gants	Handschoenen
Jeans	Jeans
Jupe	Rok
Manteau	Jas
Mode	Mode
Pantalon	Broek
Pull	Trui
Pyjama	Pyjama
Robe	Jurk
Sandales	Sandalen
Tablier	Schort
Veste	Jasje

Ville
Stad

Aéroport	Luchthaven
Banque	Bank
Bibliothèque	Bibliotheek
Boulangerie	Bakkerij
Cinéma	Bioscoop
Clinique	Kliniek
École	School
Fleuriste	Bloemist
Galerie	Galerij
Hôtel	Hotel
Librairie	Boekhandel
Marché	Markt
Musée	Museum
Pharmacie	Apotheek
Restaurant	Restaurant
Stade	Stadion
Supermarché	Supermarkt
Théâtre	Theater
Université	Universiteit
Zoo	Dierentuin

Félicitations

Vous avez réussi !

Nous espérons que vous avez apprécié ce livre autant que nous avons pris plaisir à le concevoir. Nous faisons de notre mieux pour créer des livres de la meilleure qualité possible.
Cette édition est conçue pour permettre un apprentissage intelligent et de qualité en se divertissant !

Vous avez aimé ce livre ?

Une Simple Demande

Nos livres existent grâce aux avis que vous publiez. Pourriez-vous nous aider en laissant un avis maintenant ?

Voici un lien rapide qui vous mènera à votre page d'évaluation de vos commandes :

BestBooksActivity.com/Avis50

CHALLENGE FINAL !

Défi n°1

Êtes-vous prêt pour votre jeu bonus ? Nous les utilisons tout le temps mais ils ne sont pas si faciles à trouver. Voici les **Synonymes** !

Notez 5 mots que vous avez trouvés dans les puzzles notés ci-dessous (n°21, n°36, n°76) et essayez de trouver 2 synonymes pour chaque mot.

Notez 5 Mots du **Puzzle 21**

Mots	Synonyme 1	Synonyme 2

Notez 5 Mots du **Puzzle 36**

Mots	Synonyme 1	Synonyme 2

Notez 5 Mots du **Puzzle 76**

Mots	Synonyme 1	Synonyme 2

Défi n°2

Maintenant que vous vous êtes échauffé, notez 5 mots que vous avez découverts dans les Puzzles n° 9, n° 17, n° 25 et essayez de trouver 2 antonymes pour chaque mot. Combien pouvez-vous en trouver en 20 minutes ?

Notez 5 Mots du **Puzzle 9**

Mots	Antonyme 1	Antonyme 2

Notez 5 Mots du **Puzzle 17**

Mots	Antonyme 1	Antonyme 2

Notez 5 Mots du **Puzzle 25**

Mots	Antonyme 1	Antonyme 2

Défi n°3

Formidable ! Ce défi final  n'est rien pour vous.

Prêt pour le dernier défi ? Choisissez 10 mots que vous avez découverts parmi les différents puzzles et notez-les ci-dessous.

1.	6.
2.	7.
3.	8.
4.	9.
5.	10.

Maintenant, composez un texte en pensant à une personne, un animal ou un lieu que vous aimez !

Astuce: Vous pouvez utiliser la dernière page de ce livre comme brouillon !

Votre Composition :

CARNET DE NOTES :

À TRÈS BIENTÔT !

Toute l'équipe

DECOUVREZ

DES JEUX

GRATUITS

GO

↓

BESTACTIVITYBOOKS.COM/FREEGAMES